仕事がもっとうまくいく！
書き添える言葉300
そのまま使えるシーン別文例集

むらかみかずこ

まえがき

先日、知人の会社経営者の、このような声を耳にしました。

「パソコンや携帯電話の普及によって、営業スタイルが激変した。以前はまず電話でアポイントをとり、お客様のところに訪問して商談していたが、今はファーストコンタクトから成約まで、すべてメールで済ませることも多い。これからはメール（書き添える言葉）によるコミュニケーション力の有無が、社員の営業成績や会社の業績にますます直結するようになる」

なるほど、その通りだと思います。たとえば、ウェブサイト経由でお客様から問い合わせのメールを受けたとき、機械的にそっけなくつづった自動返信メールで済ませるか、どこかホッと安心できるようなひと言を添えて送るか。

そのほんの少しの違いが、圧倒的な価値となって跳ね返ってくるように思うのです。

伝えたいことをシンプルな言葉でわかりやすく伝えること。相手のことを想像しながら、できるだけ丁寧な言葉選びを心がけること。

書き言葉によるコミュニケーションは、これからの時代、ビジネスパーソンにとって、ますます求められる技術となるにちがいありません。

その一方で、文章を書くことに苦手意識を持つ人は大勢います。

「気の利いたフレーズが思い浮かばないから、いつも事務的なことしか書けない」「できていないのはわかっているけれど、いまさら人に聞けない」など、何かしら言葉をつづるとなると、たとえそれがほんの数行であっても、途端に後ろ向きになるというのです。

あなたの場合はいかがでしょう？　お客様や取引先に宛ててメールを書くのは得意ですか。また、上司や部下に宛てて社内メモを残すとき、何か気の利いたひと言によって、相手に喜ばれ、感謝されたことがありますか。

本書は、ビジネスシーンでメールやひと言メッセージを書くことに苦手意識がある人、また、まわりともっとうまくコミュニケーションをとって仕事で成果を上げたい人に向けて、書き添える言葉選びの手引き書にしていただきたいと思い、執筆しました。

・メールを打つとき
・お客様や取引先にひと言メッセージを残すとき
・電話の内容を伝えるなど、社内メモを書くとき

には、本書を片手に、気に入ったフレーズをそっくりそのまま真似して書いてみてください。まずは真似することで、自然と言葉が身につき、コミュニケーションがスムーズに運ぶようになります。

さらには、知らず知らずのうちに、正しい日本語と敬語の知識が身につき、ビジネスパーソンとして、またひとりの日本人として、「教養のある人」「信頼できる人」などの評価が得られ、自分に自信が持てるようになるでしょう。

本書では、ビジネスシーンで知っておくといいフレーズを「基本」のほかに「お礼」「お願い（依頼）」「お詫び」「励まし」「お断り（抗議）」「お祝い・称賛」の6つ

に分けて、ご紹介していきます。

また、各章のフレーズをご紹介する前に、一筆箋・ハガキ・便箋・ミニカードなどを使った手書き文例も載せています。

「一筆箋やハガキを使いましょう」と言われても、まず頭に浮ぶのは「面倒くさい」「字が下手だから書きたくない」「メールや電話のほうが気がらく」などのマイナス要素ばかりだと思います。気持ちがわからないわけではありません。けれど、それでもあえて手書きをおすすめするのには理由があります。

手書きの「ひと言」は最高のコミュニケーションツール。短くてもいいのです。ポストカードにひと言、「先日はありがとうございました」だけでも気持ちは伝わります。

手書き文字にはただ「手書きである」だけですでに価値があります。その独特の温かみはもちろんのこと、1日に何十通と届くメールより、たった1通の手書きのひと言のほうが、珍しいだけにインパクトがあって相手の印象に残りやすいのです。メールに苦手意識のある人にこそ、手書きのひと言をおすすめします。

フレーズも、手書き文例も、どれもシンプルかつ簡単なものばかり。社会人としてわきまえておくべき最低限の丁寧さや礼儀作法をふまえながらも、いわゆるムズカシイ日本語、よそ行きの形式張った表現を取り払い、等身大の現代的な言葉でつづれるように心がけました。

気負わずに「まずはじめること」に重きを置いたため、中には略式のフレーズも含まれていますが、そのぶん、慣れてきたら自由にアレンジするもよし、よりあなたらしい言葉を見つけるヒントにしていただきたいと思っています。

本書によって、あなたの「書くコンプレックス」が払拭されますように。仕事とコミュニケーションが大きく飛躍しますように。

本書をデスクの上の目に付くところに置いて、何度も何度も繰り返しお読みいただけましたら、うれしく思います。

むらかみかずこ

目次

PART 2 そのまま使える！ フレーズ集 35

3 お願い（依頼）のフレーズ 77

4 お詫びのフレーズ 107

本文デザイン　白井あや子（有ケイデザイン）
ＤＴＰ　長道奈美（有ケイデザイン）

この本の使い方

本書では、「お礼」「お願い（依頼）」「お詫び」「励まし」「お断り（抗議）」「お祝い・称賛」の６つの用途に分け、ビジネスシーンを中心に想定した文例や、日常的に使えるおすすめのフレーズを紹介しています。文例をそのまま使うのもＯＫ。フレーズ集から好きなフレーズを選んでアレンジし、オリジナルのメッセージをつくるのもよいでしょう。

お礼の文例 1

契約のお礼

お客様　ハガキ　縦書き

お客様　だれに宛てたメッセージかを示しています。

ハガキ　実例で使用している用紙の種類です。想定したシーンにふさわしいものを選んで掲載していますが、これに限定するものではありません。実際の文章の量や相手との間柄に合わせて選ぶことをおすすめします。

縦書き　「縦書き」か「横書き」かの違いを示します。どちらが失礼というわけではありませんが、目上の方には縦書きが無難です（P25参照）。

ここで差がつく！ ➡ 実例中のポイントを紹介しています。

お礼

⬅用途別にすぐに探せるように、左ページのはしにインデックスをつけています。ご活用ください。

※なお、６つのシーンに共通する、「書き出し」「季節のあいさつ」「結び」のフレーズは、PART2のはじめに「基本のフレーズ」として掲載しています。

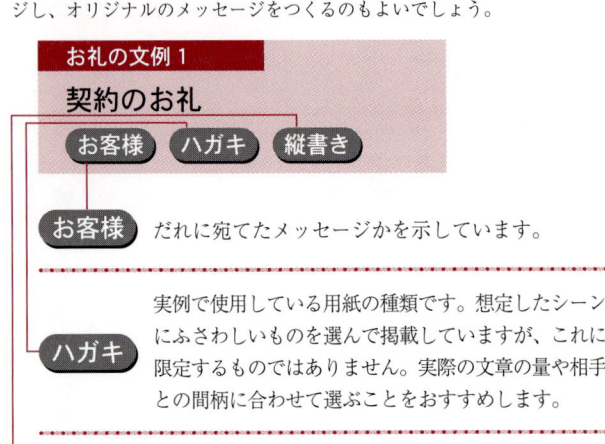

PART 1
現代版基本マナー

「会社名は略しちゃダメなんですよね？」
「横書きでもいい？」
「一筆箋に種類なんてあるの？」
「書き出しがいつも浮かばない」……
日常的に書くものですから、
そんなに難しく考えないで、
もっと気軽に書いてみませんか？

現代版基本マナー1

はじめの一歩の基本文例

取引先　ハガキ　縦書き

仕事でお世話になったお礼

①株式会社〇〇〇〇　②××××様

③ご無沙汰しております。その後、お変わりありませんか。

先日は、お仕事をご一緒させていただき、大変光栄でした。

××様をはじめ、大勢のみなさまのお力添えによって、④

無事にイベントを終えることができました。

本当にありがとうございました。

⑧

⑥

季節の変わり目ですから、どうかご自愛ください。

⑤お礼まで

⑦株式会社◇◇◇◇　××××

①宛名は会社名までしっかりと。〝株式会社〟や〝有限会社〟などは（株）（有）と略してもかまいません。役職がある場合は、役職名も忘れずに。
②名前はフルネームで。連名の場合は2行に書きます。
③よほど襟を正して書かなければならない、お詫びの手紙以外の日常的なものの場合は、「拝啓」「謹啓」といった頭語から始めるのではなく、気軽な書き出しのほうが、相手の心にも伝わりやすいものです。本文の書き始めの位置は名前よりも少し下に、文頭は1マス下げて書きます。
④読みやすさを考え、改行位置に気を配りましょう。
⑤結語は下に書きます。
⑥文末に日付は書かなくてもＯＫです。
⑦送り手の名前はフルネームで。会社名も添えます。
⑧余白を無理に埋めようとしないこと。読みやすさを考えれば、むしろ余白はたっぷりとりましょう。

現代版基本マナー2

相手を思い浮かべて書く

メールであれ、手書きのひと言メッセージであれ、文章を書くときにまずポイントとなるのが、「相手のことを思い浮かべながら書く」ことです。

不思議なもので、相手のことを思い浮かべながら書くと、自然と言葉がスムーズに出てくるだけでなく、相手の心をつかむメッセージになるのです。

相手の容姿、過去に交わした会話の内容、会ったときの印象、仕事柄、会社での地位、身につけているものなどから、相手の心境や状況、置かれた立場をしっかりと頭の中に思い浮かべて書きましょう。

たとえば、相手の趣味はなんでしょう？　マラソン、スポーツジム通い、楽器演奏、旅行、舞台鑑賞……。相手について知っていることで、何かメッセージとして書けそうな話題はないでしょうか。

プライベートなことが思い浮かばないなら、仕事の様子や体調を気づかうひと言を添えましょう。相手の仕事ぶりから、たとえば出張が多い人なら「最近もまた出張がつづいているのでしょうか」、年度末の繁忙期なら「あわただしくお過ごしのことと思いますが、お変わりありませんか」など。

さらに、文章だけではありません。ポストカードや一筆箋、メッセージカード、ミニカードの絵柄を選ぶときにも、相手の趣味や人柄、相手との関係性を意識しましょう。少し緊張して接しなければならない目上の相手に対して、女子高生が好みそうなポップなイラスト入りの紙では似合いませんよね。そこはやはり、しっとりとした和風の、落ち着いたデザインの紙のほうがふさわしいです。

相手のことを思い浮かべて書くことで、お互いの気持ちが通い合い、コミュニケーションはスムーズに運びます。

現代版基本マナー3

紙の選び方

ハガキか、一筆箋か、グリーティングカードか、メモカードか？

メッセージをしたためるとき、ハガキにすべきか、一筆箋にすべきか、はたまたグリーティングカードか、メモカードかと、迷うことがあると思います。

最初に覚えておきましょう。ハガキはそれ自体でポストに投函して郵送するもの、一筆箋は何かの書類や荷物を送ったり渡したりするときに添えるもの、グリーティングカードはハガキと同じくポストに投函して郵送するものですが、その際に封筒に入れて送るため、ハガキと比較してプライベートな内容を盛り込みやすいという特徴があります。また、メモカードは最もシンプルで、いわば付箋紙の代わりとして使います。

具体的には、ハガキはしばらく会っていない相手に近況を報告するほか、何かの折によくしてもらったことに対するお礼の言葉をしたためて送るときなどに使います。

一筆箋、便箋、ハガキ等のほんの一例。送る内容や相手に合わせて紙を選ぶことも、コミュニケーションのひとつです。

一筆箋は、商品を発送するときや、また商品に添える納品書や領収書、請求書、商品パンフレットや会社案内などの必要書類、社内向けに作成配布する報告資料、参考資料の貸し借り……、これらのやりとりを行う際に、ひと言書き添えて渡します。

グリーティングカードはハガキや一筆箋と比較すると、少しあらたまった印象を与えるため、お祝いごと全般で使い勝手がよいほか、目上の人に宛てるときにも重宝します。また、絵柄やデザインが美しいものが多いため、女性に宛てて送ると喜ばれます。

どこで買えばいい?

購入場所は、便利なところにお住まいであれば、大型文具店に足を運ぶのがいちばん確実。デパートやショッピングモール、大型スーパーの文具売り場なら、忙しい仕事の合間や休日でも、ついでの機会をつくりやすいでしょう。

ほかにも、博物館や美術館、記念館などのグッズ売り場に足を運ぶと、意外な掘り出し物にめぐりあえます。出張先・旅行先で立ち寄る土産物店では、その土地ならではの風景や名産が描かれたものが見つかるでしょう。

最近はインターネットでも、さまざまな文具店がサイトをオープンしていますので、試しに「ポストカード」「一筆箋」「グリーティングカード」などで検索してみてください。それこそ山のようにたくさんの販売サイトが見つかります。

ちなみに、ハガキは1枚あたり100円くらいから、大量に購入すると30円くらいから買えるところもあります。一筆箋は1冊平均20枚つづりで300〜400円くらい（1枚あたり15円ほど）。グリーティングカードも100円くらいから手に入ります。

縦書き用か、横書き用か

それでは、これらの紙を選ぶとき、縦書きと横書きのものではどちらがいいのでしょうか。

最終的には好みでかまいません。ですが、縦書きのほうがオフィシャルであるという印象が、一般的には強くあります。

年配の人の中には「手書きの一筆メッセージは縦書きで書くもの」という感覚の持ち主もいますから、送る相手を問わないという意味では縦書きのほうが無難です。わたし自身も、多くは縦書きを選んでいます。

その一方で、日頃使いなれているノートやメモ用紙、手帳の大半は横書きですから、それらに書くときと同じ調子で、より気軽に書きたいと思う方には、横書きをおすすめします。

また、模様の入っていない無地のものであれば、縦書きのものを横書きとしても使えますから、これは非常に便利です。

洋紙か、和紙か

先ほども少しふれましたが、紙には、大きく分けて、洋紙と和紙の2種類があります。和紙の便箋類やポストカードはさわり心地がやわらかく、やさしい印象。その一方で、洋紙の便箋類は、表面がツルツルしているため若々しい印象。

和紙でできたものは縦書き用のものが多く、洋紙のものは横書き用が中心です。洋紙は手ざわりがノートの紙やコピー用紙と似ているため、特に若い人や男性の中には、和紙でできた縦書きのものより親しみやすいと感じる人も多いと思います。特に手書きになれていない方は、表面の凸凹やインクのにじみも少ない洋紙の便箋類がおすすめです。

一方、書きなれている方には、ぜひ和紙を活用していただきたい。越前紙、美濃紙、土佐紙、小国紙……日本の伝統ある豊かな文化を日常生活にとり入れて、じっくり味わってみてください。

罫線ありか、罫線なしか

紙には、罫線の入ったものと入っていないものがあります。

よく見ると、罫線と罫線の幅が狭いものもあれば広いものも、行数が多いものもあれば少ないものもあり、意外と選択肢がたくさんあります。

1. 筆圧が強い、あるいは書く文字が大きい人は、罫線が少なく行間隔が広いものを
2. 小さな文字でたくさん書きたい人や、伝えたいことがたくさんあるときは、罫線が多く行間隔が狭いものを

これが、選ぶ際の目安です。

手書きに苦手意識がある人は、まずは罫線が少なく、行間隔が広いものを選びましょう。そのほうが長文を書かなくてよいため、空白を埋めなければならないストレスを感じなくて済むからです。

模様入りか、模様なしか

紙の模様に目を向けてみると、選択肢はさらに広がります。花柄などのオーソドックスな絵柄のほかに、春には四つ葉のクローバー、夏にはスイカや朝顔、秋には紅葉や栗、冬には雪の結晶やクリスマス柄など、その季節ならではのものが多く出回ります。

特に男性は「無地のほうが無難だ」「白一色のもののほうがいちいち絵柄を気にしなくていいから気が楽だ」などの理由からシンプルなものを選ぶ人も多いようですが、模様入りでも模様なしでも、何種類か手元に揃え、そのつど気に入ったものを選ぶと、書く楽しみも増えます。

わたしは以前、取引先の社長さんから歌舞伎座の一筆箋でひと言メッセージをいただいたことがあり、これにはぐっときました。個性のある絵柄は「その人らしさ」が印象に残りますね。趣味以外にも、京都にお住まいなら舞妓さん、広島にお住まいなら安芸の宮島など、その地域にちなんだ絵柄の一筆線を使ってみるのもおすすめです。

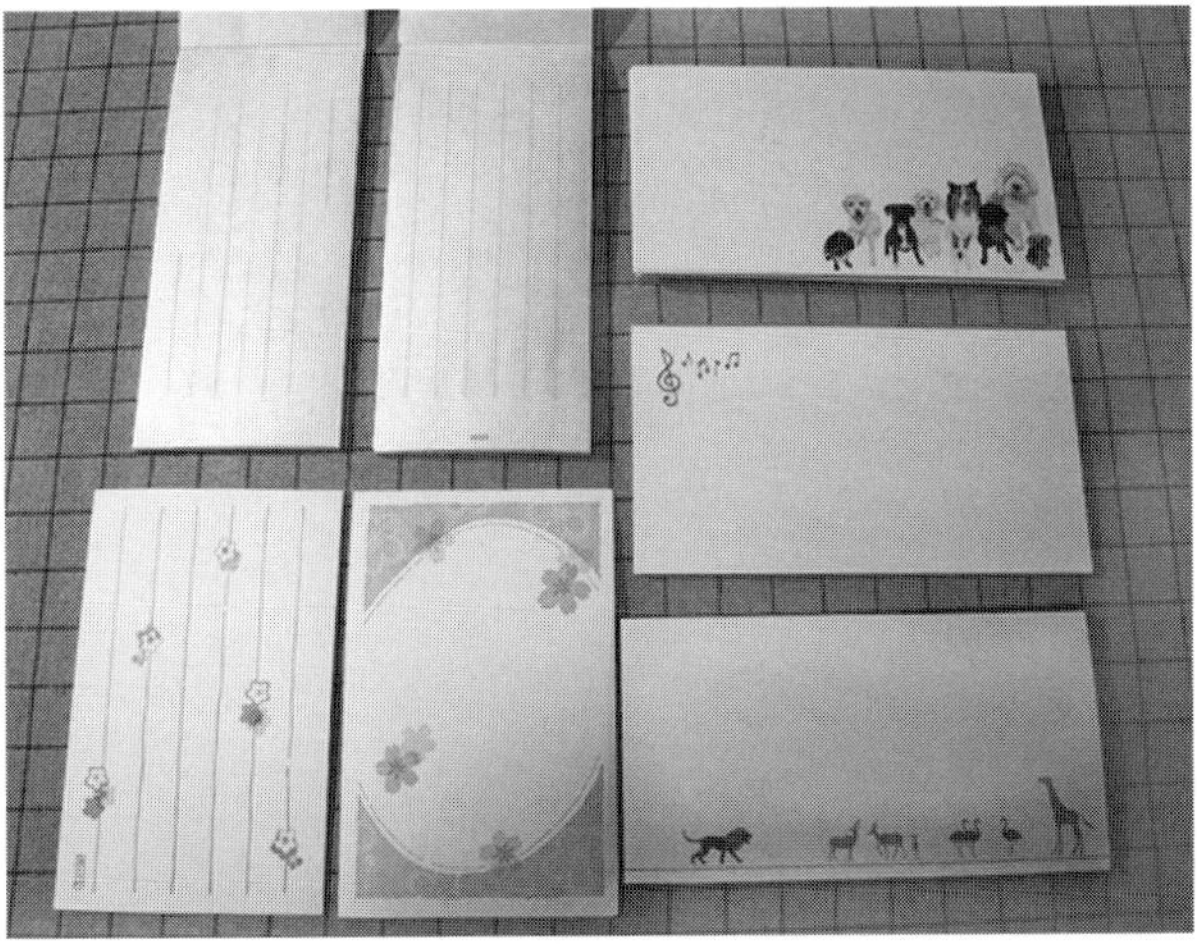

罫入り、罫なし、模様入り、模様なしと種類は豊富。罫のないものにも、罫入りの下敷きが付いているものが多いのでご安心を。

現代版基本マナー4

文字を上手に見せるコツ

小さくよりも大きく書く

「自分の書く文字に自信がない」そうした悩みを抱える人の多くは、消極性のあらわれなのか、小さくこまごまと文字を書き連ねることが多いようです。

しかし、小さな文字はそれだけで弱々しく暗い印象を与えがち。まずはミスを恐れずに大きな文字で堂々と書くことを心がけましょう。

文字を大きく書くと、自然と勢いが生まれ、前向きな印象を与えます。受け取る方も気持ちがいいですね。

細字より太字

大きな文字と同様に、太字のペンを使って太く書くことも、文字を上手に見せるポイントです。太字のペンで書かれた文字は読みやすく、おおらかで明るい印象を与えます。

長文より短文

長文を書こうと思うと、書いているうちにうっかりミスをしてしまうか、勢いあまって必要ないことまで書きつづってしまうこともあります。集中力がつづかなくなり、途中で疲れてしまうこともあるでしょう。

手書きするときには、文章を短く簡潔にまとめましょう。手書きのメッセージは受け取ること自体が珍しいため、短くても十分、印象に残ります。

漢字は大きく、ひらがなは小さく

そもそも文字はすべて同じ大きさとは限りません。複雑な漢字はひらがなよりも大きく書いてかまいませんし、たとえば「感謝」の「謝」のように画数の多い漢字はさらに大きく書くほうが、メリハリがついて、受け取る側も読みやすいものです。ひらがなは小さく、漢字は大きく。また「ありがとう」などの強調したい言葉、強く伝えたいフレーズは大きく書きましょう。

インクは黒より青

相手の印象に残るには、淡い（薄い）色よりも濃い色、はっきりとした色のペンを選ぶほうがよいでしょう。文字を書くときのペンの色は、ブルーやブラックが使われることが多いですね。

おすすめはブルーです。また、ひと言でブルーといっても、暗く沈んだ感じのブルーよりもあざやかな明るいブルーのほうが若々しく、大らかな印象を与え、文字の上手、下手にかかわらず、見栄えのする手紙に仕上がります。

行間隔が狭いものより行間隔が広いものを

特別に書きたい用件がたくさんあるとき以外は、無地または罫線の少ない紙を選ぶと、のびのびと腕を動かしながら自然体で文字をつづることができます。

罫線の本数が多いと、罫線からはみ出ることを気にして、ついかしこまって書いてしまいがち。その点、無地のものなら気が楽です。

なかには「まっすぐ書けないこと」への不安を感じる人もいるかもしれません。極端にまっすぐ書くことにこだわる必要はありませんが、書いているうちにだんだん中心線が曲がってきてしまう人は、こまめに改行するように心がけてみてください。

また、文章の横にササッとイラストを描いて添えるのが得意な人は、無地のものや罫線の色の薄いものを選ぶと、より描きやすいでしょう。

コラム1

メールを打つように書いてみる

文字を手書きするのが苦手、どうしても筆が止まってしまうという人は、メールを打つように文字を書いてみましょう。わたしはいつも、メールを打つときと同じように手書きでメッセージをしたためます。

メールを打つときのことを思い浮かべてみてください。目上の人には敬語で、気の置けない友人には話し言葉で、わたしたちはごく普通に、相手に応じて言葉をつかい分けながらメールを打ちませんか。

たとえば、目上の人には「お世話になっております」「ご無沙汰しております」。知人には「こんにちは、お久しぶりです」。友人には「久しぶり！元気？」など……。

これならだいぶリラックスして第一歩を踏み出せると思いませんか。

よくある時候の挨拶などの定例文は知識として知っておくとよいとは思いますが、それにとらわれすぎる必要はありません。幼稚な表現はNGですが、肩肘張らずに、等身大の自分らしい言葉でつづりましょう。

その際、冒頭で相手を思うひと言や健康を気づかうひと言を添えると、あたたかな印象を与えます。

PART 2　そのまま使える！ フレーズ集

1　基本のフレーズ

さぁ、はじめましょう！
まずは、一番の難題の「出だし」から。
最初の挨拶文でつまずいて、後が続かない……
と悩んでいる方も多いようです。
基本的な書き出しのフレーズから
季節を感じさせるフレーズ、結びの言葉まで、
基本のフレーズのサンプルを
一挙にご紹介します。

基本のフレーズ1

頭語と結語の対応

「頭語《とうご》」とは、手紙のいちばんはじめにくる言葉のことで、「こんにちは」や「はじめまして」などの代わりに使われます。「拝啓」や、近ごろでは「前略」などが一般的です。

これに対して「結語《けつご》」とは、手紙の最後に添える言葉のことで、「さようなら」「それではまた」などの代わりに使われます。「敬具」や「草々」、女性だけが使えるとされる「かしこ」などが一般的です（左図参照）。

本来、頭語と結語は相手との関係や内容によって正しく使い分けることが大切とされていますが、日常的に「気軽に楽しむ」という点からいえば、特にこれらにとらわれる必要はありません。わたし自身、「拝啓」からはじめることは、めったにありません。

形式を軽んじるわけではありません。知識として知っておくことも大事だと思います。

しかしながら、書きやすさを優先させるがゆえに、現代風にアレンジするのは自然

の流れです。それで相手を不快にさせるわけではありませんし、失礼にもあたらないでしょう。

初対面の相手に何かを「依頼」するときや、襟を正さねばならない「お詫び」の手紙以外は、もっと気軽に「こんにちは」「いつもお世話になっております」「ご無沙汰しています」などから書きはじめてもいいのです。

等身大の自分らしい言葉で気持ちを伝えましょう。それが相手の心をつかみ、お互いの信頼関係につながっていくのですから。

次項に、気軽にはじめられる「書き出しのフレーズ」をご紹介します。

頭語	結語
拝啓 一筆申し上げます	敬具 かしこ（女性）
謹啓・謹白・謹呈 謹んで申し上げます	敬具・謹白 敬白 かしこ（女性）
急啓 取り急ぎ申し上げます	草々・敬具 かしこ（女性）
拝復 お手紙拝見しました	敬具 かしこ（女性）
前略 前略ごめんください（ませ）	草々・感謝 お礼まで

※ここでは一般的なものをあげていますが、これにとらわれる必要はありません

基本のフレーズ2

書き出しのフレーズ

- はじめまして。
- こんにちは。
- いつもお世話になっております。
- このたびはお世話になります。

●いつもありがとうございます。
●先日はありがとうございました。
●いつもお世話になり、ありがとうございます。
●お手紙（メール）をいただき、ありがとうございます。
●こんにちは。いかがお過ごしですか。
●お変わりありませんか。
●ご無沙汰しております。

●お久しぶりです。

●その後、お元気ですか。

●毎日、元気にお過ごしですか。

●調子はいかがですか。

●風邪を引いていませんか。

●お仕事はその後、順調ですか。

●毎日、楽しんでいらっしゃいますか。

●ご家族のみなさんも、お元気ですか。

●お変わりなくお過ごしのことと思います。

●お元気そうで、何よりです。

●ご活躍ぶりはいつも耳にしています。

●ご活躍ぶりが目に浮かぶようです。

●初めてお手紙（メール）を差し上げます。

基本のフレーズ3

季節を感じるフレーズ

春のはじまり〜春本番（3月〜4月）

●ここのところ、
寒さがやわらいできたように感じます。

●ひと雨ごとに春ですね。

●新入学シーズン、お子さんはお元気ですか。

●人事異動の季節です。
職場の雰囲気にはもう慣れましたか。

●今年も桜が咲きました。そちらの桜はいかがですか。
●今年はたくさんお花見できそうですか。

初夏（5月〜7月中旬）

●風薫るさわやかな季節になりました。
●ゴールデンウィークは楽しみましたか。
●そろそろ衣替えの時期ですね。
●もうすぐ母の日。街角にカーネーションが並んでいました。
●こちらは今日も雨降りです。
●梅雨明けが待ち遠しいです。
●紫陽花の花がきれいに咲いています。

●夏休みのご予定はお決まりですか。

夏〜盛夏（7月中旬〜9月上旬）

●ひまわりの花が見事に咲いています。

●毎日、蒸し暑い日が続きますね。

●こちらもいよいよ夏本番です。

●夏野菜のおいしい時期になりました。

●夏を満喫していらっしゃいますか。

●今の時期、夜風が肌に気持ちいいですね。

●暑中（残暑）お見舞い申し上げます。

●クーラーの効きすぎに注意です。夏風邪を引いていませんか。

秋（9月中旬～11月中旬）

●ここのところ急に涼しくなりました。夏もおわりですね。
●夏の終わりは夕焼けが美しいですね。
●空が高く、気持ちのいいお天気が続きます。
●夕べは月が青白く輝いて、とてもきれいでした。
●空気が乾燥しているようですね。
●風邪を引いていませんか。
●どんな秋をお過ごしですか。
●先日、新米を食べました。とてもおいしかったです。
●一足早く、冬物のコートを買いました。そろそろ冬支度ですね。

冬のはじまり〜冬（11月下旬〜2月）

- こちらは少し肌寒く感じられます。
- 今の時期、紅葉が見頃ですね。
- 朝晩はだいぶ冷え込むようになりました。
- おでんが恋しい季節です。
- 冬野菜がたくさん出回るようになりました。
- たんすの中から、厚手のセーターを引っ張り出してきました。
- そろそろ立春。暦の上では春ですね。
- まだまだ寒い日が続きそうです。春が待ち遠しいですね。

年末年始（12月中旬～1月中旬）

- 早いもので、もうすぐ年の瀬です。
- 街がクリスマス色に彩られています。
- 年末年始のご予定はいかがですか。
- 新年おめでとうございます。
- 寒中お見舞い申し上げます。
- ここ数日、冬将軍が訪れているようです。
- 体調を崩している人が多いようです。お変わりありませんか。

基本のフレーズ4

結びのフレーズ

●ご自愛ください。

例文

だんだん寒く（暑く）なりますので、ご自愛ください。
朝晩冷え込むようになりましたから、ご自愛ください。
夏の暑さが厳しい折ですから、ご自愛ください。
お疲れが体に出ませんよう、ご自愛ください。
季節の変わり目ですから、ご自愛ください。
風邪が流行っているようですから、ご自愛ください。
あわただしい毎日だと思います。ご自愛ください。

●お体を大事になさってください。

例文 寒い日がつづきますね。お体を大事になさってください。

●おいたわりください。／おいといください。

例文 何かとあわただしくお過ごしのことと思います。お体、おいといください。

●よろしくお願いいたします。

例文 今後とも、よろしくお願いいたします。

●いつもありがとうございます。

例文 とてもうれしいご連絡でした。いつもありがとうございます。

●再会を楽しみにしています。

例文 このたびはありがとうございました。再会を楽しみにしています。

●またお目にかかれましたら光栄です。

例文 来月またお目にかかれましたら光栄です。

●充実した毎日になりますように。

例文 いよいよ新社会人ですね。充実した毎日になりますように。

●素敵な日々になりますように。

例文 季節は春です。素敵な日々になりますように。

●毎日笑顔で過ごせますように。

例文 新しい環境でも、毎日笑顔で過ごせますように。

●素敵な1年になりますように。

例文 新年おめでとうございます。素敵な1年になりますように。

●ご多幸をお祈りしています。

例文 またお会いできますように。ご多幸をお祈りしています。

●それではまた。

例文 このたびはありがとうございました。それではまた。

コラム2

好きなものをイメージしながら書く

書き出しはお天気や季節の移ろい、近況を思うままの言葉で素直につづるのがいちばん。その際、季節を感じるフレーズや相手を思うひと言、健康を気づかうひと言を添えると、全体がやわらかな印象になります。

難しい言葉を使う必要はありません。たとえば「寒さがやわらいできた」「空が高く、気持ちのいいお天気」などは、日頃なんとなく感じている感覚です。

その「なんとなく」から生み出されるひと言によって、「そういわれてみればそうだな」と共感が生まれ、相手に親近感を抱いてもらえるのです。

お酒が好きなら「ここのところビール日和です」、ファッションに興味があるなら「一足早く、冬物のコートを買いました」、プロ野球が好きなら「いよいよ日本シリーズの開幕です」など、その人らしくていいと思いませんか。

自分が好きなものをイメージしながら天気や季節を語ると、苦しむことなくペンをすすめることができるように思います。

また、結びには、再会を楽しみにしている旨の一文を添えると、読後の印象がさわやかです。

PART 2 そのまま使える！ フレーズ集

2 お礼のフレーズ

ビジネスシーンにおいて、
何かしらひと言、書き添えようと思うとき、
そのいちばん基本になるのが
「お礼のフレーズ」です。
感謝の気持ちを込めてお礼の言葉をつづると、
相手にその気持ちが伝わります。すると、相手からも
感謝の気持ちが返ってくるのです。

同僚へ	会議でフォローしてもらったお礼 飲み会でお金を借りたお礼 当番日を替わってもらったお礼 お見舞いのお礼
後輩へ	飲み会の帰りに送ってもらったお礼 日頃のお礼 送別会でプレゼントをもらったお礼
社員へ	給料日に、日頃のお礼 ボーナス支給日に、日頃のお礼 入社日に、入社のお礼（新入社員へ）
知人へ	お礼状をいただいたお礼 暑中見舞い状やクリスマスカード、 誕生日カードをいただいたお礼

いつ、だれに宛てて書けばいい？

お礼文を書く場面一覧

お客様へ

来店のお礼
商品購入のお礼
リピート購入のお礼
注文のお礼
契約成立のお礼
資料請求のお礼
見学会などイベント来場のお礼
入金のお礼
セミナー参加へのお礼

取引先へ

名刺交換のお礼
イベントが無事終了したお礼
お歳暮をいただいたお礼
お中元をいただいたお礼
お祝いのお花をいただいたお礼
講師を引き受けていただいたお礼
一緒に仕事ができたことのお礼
お客様を紹介していただいたお礼
便宜を図ってもらったお礼

上司・先輩へ

資料の貸し出し・送付のお礼
食事をご馳走になったお礼
お土産をいただいたお礼
退社時に、これまでお世話になったお礼
歓迎（送別）会を催してもらったお礼

お礼の文例 1

契約のお礼

お客様　ハガキ　縦書き

気合の言葉を添えて、お客様との信頼関係を築く

〇〇〇〇様
〇〇様

このたびは、大変お世話になります。
先日はご契約をありがとうございました。
〇〇様の大切な家づくりをまかせていただき、
本当にうれしく、光栄に思います。
喜んでいただけるよう、精一杯、努めます。
今後とも、よろしくお願い申し上げます。

株式会社〇〇ハウジング　〇〇〇

ここで差がつく！
気合の言葉を添えると、やる気が伝わり好印象です。

住宅会社の営業担当者が、お客様から家づくりの契約をいただいた、という設定でお礼状の文例をつくってみました。

お客様から大切な契約をまかせていただいたら、口頭ではもちろんのこと、後日あらためて、手書きで感謝の気持ちをしたためましょう。

受け取るほうの気持ちになって考えてみると、感謝の気持ちが伝わるお礼の言葉は、何度受け取っても悪い気がしません。きめこまやかな対応に、「この人に安心してまかせよう」という気持ちもわいてくるものです。

特に、一生のうちにそう何度も購入するものでない「住宅」「土地」「生命保険」「車」などの高額商品の場合、お客様は契約後「本当に契約してよかったのかな？」と不安を感じていることがあります。お礼のハガキ1枚で、その不安をぬぐうことにもつながるのです。

感謝の気持ちのほかに、「一生懸命、がんばります」「精一杯、努力します」「心を込めて、承ります」など、気合の言葉を添えると、こちらの誠意が伝わり、お客様との信頼関係を築く一助となるでしょう。

お礼の文例 2

資料を貸してもらったお礼

取引先　一筆箋　横書き

借りたものを返すときには、お礼の気持ちを一筆添えて

株式会社○○○○　××××様
いつもお世話になり、ありがとうございます。
先日はDVDを貸してくださって、ありがとうございました。
とても参考になりますね！
いつもたくさんの学びをありがとうございます。
今後とも、ご指導のほど、よろしくお願いいたします。
株式会社×××××××　○○○○

ここで差がつく！
「もっと学びたい」という姿勢が伝わる前向きな言葉を添えて、信頼関係を築きましょう。

いつもお世話になっている取引先（協力会社）に宛てて、貸してもらった資料（DVD）を返却するときに同封する、ひと言メッセージのサンプルです。

書籍や過去の報告書など、仕事上、必要な資料を借りることもあるでしょう。返却する際には、その「もの」だけでなく、お礼状を添えましょう。「丁寧な人だな」「貸してよかったな」と好印象を与え、今後の付き合いにもよい影響をもたらすでしょう。ささいなことですが、こうした普段のやりとりが、いざというときのあなたの力になるものです。「○○さんの依頼なら」と、協力を得ることができたり、多少の無理がきいたり、ということもあるかもしれません。

このような場合、一般的には目上の人（先輩）や取引先から借りることのほうが多いと思われます。したがって、例文の言葉づかいは敬語にしています。また文中に「いつもたくさんの学び（教え）をありがとうございます」、文末に「今後とも、ご指導のほど、よろしくお願いいたします」と書き添えることで、目上の人を立てて感謝するだけでなく、後輩としてこれからも学んでいきたい旨を伝えています。

口頭で伝えればよいと思うかもしれませんが、たまたまその場があわただしくて、きちんとお礼の言葉まで伝えられないこともあるものです。さらに、こうして一筆したためておくと、知人に返却を頼むこともできます。事前に準備しておくとスマートです。

お礼の文例3

お酒をご馳走になったお礼

上司　一筆箋　縦書き

日頃よく話す相手には、ほどよくカジュアルに

○○部長へ
おつかれさまです。
昨晩はお食事、ご馳走さまでした！
とても美味しかったです。
また連れていってくださいね。
いつもありがとうございます。
マーケティング部　部下一同より

ここで差がつく！
普段の会話と同じ調子で書いてみましょう。
仰々しくならず、親密な印象を与えます。

こちらは、職場の上司に宛てた、食事をご馳走になったときのお礼状です。紙は一筆箋を使っています。

先ほどの2つの例文と比較すると、言葉づかいの変化に気づくでしょう。先ほどの2つはお客様と取引先に宛てた手紙ですから、言葉づかいも丁寧。こちらは日頃からコミュニケーションを取りなれている相手だと仮定して、もう少しカジュアルな調子で書いています。

「文書を書くとき、どこまで丁寧な言葉をつかえばいいかわからない」という声を耳にします。そのときは、日頃、相手と会話するときと同じ言葉（会話調）で書いてみてください。具体的には、上司（目上の人）ですから、当然、敬語をつかって書きますが、末尾に「！」や「ね」などをつけると、仰々しくならず、親しみを感じさせます。あまりに丁寧すぎると、かえって取っ付きにくく感じられることもありますので、場面や送る相手に合った書き方を意識しましょう。

食事をご馳走になったとき、出張先からお土産を買ってきてくれたとき、書籍など仕事の参考資料を見つけてくれたときなどには、このように感謝の気持ちをひと言したためて渡すようにすると、職場の雰囲気もよくなり、仕事がスムーズに運ぶようになるでしょう。

お礼
依頼
お詫び
励まし
お断り
お祝い

お礼の文例 4

会議でフォローしてもらったお礼

同僚　ミニカード　横書き

手紙だからと、難しく考える必要はありません

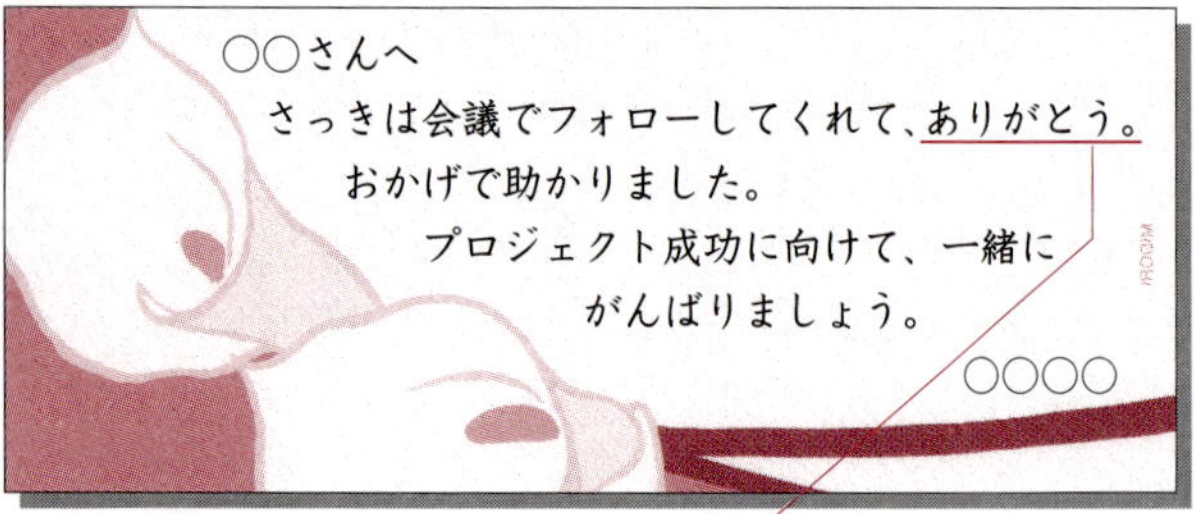
○○さんへ
さっきは会議でフォローしてくれて、ありがとう。
おかげで助かりました。
プロジェクト成功に向けて、一緒に
がんばりましょう。
○○○○

ここで差がつく！

丁寧語と友達言葉の混同も OK ！
普段話すのと同じ調子でかまいません。

会社の同僚に宛てて、日頃のちょっとしたお礼をしたためた「ひと言メッセージ」の文例です。

紙はミニサイズのカードや一筆箋でもかまいません。どことなく殺風景な雰囲気が気にならなければ、付箋紙でもＯＫ。気に入った絵柄の、使いやすいものを選びましょう。

文例をご覧いただくとおわかりいただけるように、決して凝ったことを書いているわけではありません。ちょっとしたときのお礼を簡単な言葉でつづったメモ程度のものですが、それで十分感謝の気持ちは伝わります。

文中、敬語と友達言葉が混同しています。これはお礼の文例3と同じく、相手と会話するときと同じ言葉（会話調）で書いているためです。

書き言葉だからといって、あらたまる必要はありません。普段と同じ調子で、心の趣《おもむ》くままにペンを走らせればいいのです。

同僚が何かの用事で席を外しているときなどに、さりげなく、デスクの上の目の付くところに置いておきましょう。

その際、ほかの人に見られてはマズイ内容の場合は、二つ折りにして渡すこともできます。

お礼の文例 5

ボーナス支給日に日頃のお礼

社員　一筆箋　縦書き

小さな気づかいが、社員のやる気を引き出します

○○○○さん
おつかれさま。
今期もがんばってくれて、ありがとう。
10件契約、目標達成おめでとう！
これからも、志を高くもって、1日1日を大事に過ごしていきましょう。
ご家族と一緒に、何か美味しいものでも食べてください。
社長より

ここで差がつく！
激励し、温かみのあるひと言で労をねぎらいます。

ボーナス支給日に、会社の従業員一人ひとりに宛てて社長から送るメッセージのイメージです。紙は一筆箋を想定しています。

これを賞与明細に添えて、社員に渡します。受け取る社員はどう思うでしょう？　心がホッと温まって、ボーナスを出してくれた社長に対する感謝の気持ちも深まり、「明日からまたがんばろう！」「来期も目標を達成できるように努力しよう！」と、前向きな気持ちになれると思いませんか。

著者の知人の社長は、ボーナス支給日に、社員全員の家族（奥様）に宛てて、日頃の感謝の気持ちをしたためた手書きのひと言メッセージを書いているといいます。また、別の知人の社長は、母の日に、社員全員のお母様に宛てて手紙を書いているそうです。

いずれも、日頃、家庭でしっかりと支えてくれる家族に宛てて、また社員をこの世に誕生させてくれた母親に宛てて、感謝の気持ちをしっかりと伝えたい。それによって、より一層の協力を得たい、社員にもより一層がんばってほしい、という気持ちが込められているのでしょう。

お礼状といいながら、社員のやる気をがっちり引き出すメッセージになっているのです。

お礼
依頼
お詫び
励まし
お断り
お祝い

すぐに使える！　お礼のフレーズ

●ありがとうございます

例文　①先日は貴重なお時間を、ありがとうございました。

●いつも感謝しています

例文　②このたびの件、ありがとうございました。
いつも感謝しています。

●重ねてお礼申し上げます

例文　先日は資料請求、ありがとうございます。
早速のご注文、③重ねてお礼申し上げます。

●感謝申し上げます

例文　お忙しい中、ご対応くださり、④感謝申し上げます。

チェックポイント

①＋②

お礼状を書くときには、特に問題がない限り、何に対するお礼か明記しましょう。書きにくいようでしたら、「このたびの件」「先日の件」などとすると、多くを語らずとも相手に察してもらえます。

チェックポイント

③＋④＋⑤

お礼の言葉は重ねて使っても失礼にはなりません。「感謝しています」「お礼申し上げます」「感謝申し上げます」など、いくつかバリエーションを用意して、複数回お礼の気持ちを伝えると、相手に与える印象はなおよくなります。

●ありがたい限りです

例文 ⑤先日は○○さんにご尽力いただき、ありがたい限りでした。

●ご縁に感謝いたします

例文 昨日はお目にかかれて光栄でした。ご縁に感謝いたします。

●まずはお礼まで

例文 まずはお礼まで。後日あらためて、ご連絡いたします。

●略儀ながら、まずは書面をもって謹んでお礼申し上げます

例文 ⑥本来なら、お会いして申し上げなければならないところ、略儀ながら、まずは書面をもって謹んでお礼申し上げます。

チェックポイント

⑥ とりわけ深く感謝の気持ちをあらわしたいときは、まずは手紙やメールでお礼を伝え、その後、電話や訪問して感謝の気持ちを伝えます。

●お礼を兼ねて、ご報告いたします

例文 ご紹介していただいた○○さんと、昨日、お会いすることができました。⑦お礼を兼ねて、ご報告いたします。ありがとうございました。

●お礼の申し上げようもありません

例文 このたびのことは本当にありがとうございました。お祝いの品まで頂戴し、⑧お礼の申し上げようもありません。

●お気づかい

例文 ⑨お気づかいいただき、ありがとうございます。

●お心づかい

例文 先日は素敵な品をありがとうございました。⑩お心づかい、感謝いたします。

チェックポイント

⑦ 相手は、その後の経過がどうなったか気になっているはずです。感謝の気持ちを伝えるときには、その後の経過についてもふれましょう。

チェックポイント

⑧ 深い感謝の気持ちをあらわすときに使います。「お礼の言葉もありません」も同じ用途で使います。

お心配り

例文 ⑪お心配り、とてもうれしく思います。

ご親切

例文 ⑫ご親切にありがとうございます。

ご協力

例文 ご協力いただき、ありがとうございました。

お力添え

例文 お力添えを感謝いたします。

チェックポイント

⑨＋⑩＋⑪＋⑫

相手の親切心を表現する言葉はたくさんあります。「ご配慮ありがとうございます」「ご親切に感謝いたします」などもOK。

お礼
依頼
お詫び
励まし
お断り
お祝い

●迅速なご対応

例文 迅速なご対応、感謝いたします。

●早速のお返事

例文 ⑬早速のお返事、感謝いたします。おかげで助かりました。

●恐れ入ります

例文 お忙しいところ、⑭恐れ入ります。

●恐縮です

例文 お忙しい中、お時間をつくっていただき、⑮誠に恐縮です。

チェックポイント ⑬

相手のどのような言動に感謝しているのか、具体的に言葉を添えることで、社交辞令ととられることもなく、誠意も伝わります。

チェックポイント ⑭＋⑮

「恐れ入ります」「恐縮です」とは目上の方に使うと好感度の高い言葉です。相手を尊重する気持ちが伝わってきます。

●おかげさまで

例文 ⑯おかげさまで、今回のプロジェクトを無事に終了することができました。

●助かりました

例文 ⑰○○さんのおかげで助かりました。本当にありがとうございました。

●頭が下がります

例文 ⑱○○さんの仕事ぶりには、いつも頭が下がります。

●うれしいです

例文 いつもよくしてくださって、⑲本当にうれしいです。ありがとうございます。

チェックポイント

⑯相手の「おかげ」で物事がうまく運んだという気持ちをあらわします。謙虚で、かつ相手を敬う気持ちが伝わってくる、感じのよい言葉です。

チェックポイント

⑰＋⑱感謝の気持ちに、相手の言動や行動パターンを褒める「褒め言葉」を添えると、相手にさらに喜んでもらえます。

●光栄です

例文 ○○さんにお褒めいただき、[20]光栄です。感謝いたします。

●励みになります

例文 うれしいお声をいただき、[21]励みになりました。いつもありがとうございます。

●勇気をいただいています

例文 温かいメッセージにいつも[22]勇気をいただいています。感謝いたします。

●安心しておまかせできます

例文 いつもよくしてくださって、ありがとうございます。安心しておまかせできます。

チェックポイント ⑲+⑳

「うれしいです」と同義語に「光栄です」があり、こちらは目上の人に宛てて使います。「うれしく思います」「光栄に思います」などもOK。

チェックポイント ㉑+㉒

その行為をしてもらったことで、相手に対してどのように思うか、その「気持ちを表現する言葉」を添えると、心に響くメッセージになります。

●感謝の気持ちでいっぱいです

例文　このたびのご尽力、ありがとうございました。
感謝の気持ちでいっぱいです。

お礼
依頼
お詫び
励まし
お断り
お祝い

お礼のNGフレーズ

NG わざわざ来社していただき、どうも。

OK わざわざ来社していただき、ありがとうございました。

友人同士ならともかく、仕事の場面で「どうも」という書き方はいただけません。略さずにきちんと最後まで言葉をつづりましょう。

NG お心づかい、いつもすみません。

OK お心づかい、いつもありがとうございます。

感謝の気持ちを表現するときに「すみません」とするのは、よろしくありません。受け取る側の気持ちになると、後ろ向きな感じがして、気持ちよく受け取れないからです。「ひょっとしたら迷惑だったのかな？」と不安に思う人もいるでしょう。感謝の気持ちは前向きに「ありがとうございます」と伝えましょう。

NG とんでもないです。

OK ありがとうございます。

「すみません」と同様、少し恐縮しすぎているのでしょうか。「とんでもないです（とんでもないことでございます）」は、日常的によく使われる言葉ですが、「とんでもない」には、「いいえ、そうではありません！」と、相手の言葉を強く否定する意味もあります。

お礼を言うときは〝堂々と心を込めて〟がポイントです。

コラム3

お礼のタイミングを逃したら？

してもらったことに対してお礼を言わなければならないとき、またお中元やお歳暮、誕生日や創業記念日などにプレゼントをいただいたとき、その場で「うれしいなぁ！」と感じたままで、ついお礼を言いそびれることもあるでしょう。

そのような場合、理想をいえば、まずはその場で電話をかけて、数日の間にお礼状をしたためます。

とはいえ、忙しさにかまけてつい日にちをやり過ごしたり、うっかり忘れてしまって後になってから思い出したりしたときは、多少バツが悪くても、次のような言葉を添えてメッセージをしたためましょう。


「本当はもっと早くお伝えしたかったのですが」

「本当はもっと早くお礼を申し上げなければいけなかったのですが」

「遅れてしまってごめんなさい」

「うっかりしてしまい、すみません」

「遅くなってしまいましたが、お気持ちは十二分に届いています。本当にありがとうございます」

PART 2 そのまま使える！ フレーズ集

3 お願い（依頼）のフレーズ

日時変更や日頃のちょっとしたお願いは
「お願いの仕方」によって、相手の受け止め方が
ガラッと変わるため、
言葉の選び方も、より重要になります。
一方で、お願い（依頼）上手になると、
まわりの協力を得られ、
仕事がスムーズに運ぶようになりますよ。

上司・先輩へ

日時変更のお願い

アドバイスのお願い

自分の主張を聞いてほしいときのお願い

同行のお願い

決裁のお願い

同僚・後輩へ

何かを借りるときのお願い

仕事をサポートしてもらうときのお願い

飲み会の幹事のお願い

その他

原稿執筆のお願い

講演のお願い

取材のお願い

いつ、だれに宛てて書けばいい？

お願い(依頼)文を書く場面一覧

お客様へ

来店のお願い

紹介のお願い

リピート購入のお願い

請求書送付のお願い

取引先へ

打ち合わせ日時変更のお願い

納期変更のお願い

支払いのお願い

振込み確認のお願い

アンケート協力のお願い

文書再提出のお願い

お願い（依頼）の文例 1

資料のコピーのお願い

部下・後輩　一筆箋　横書き

相手を気づかうひと言を添えて、相手の立場を敬いましょう

○○さんへ

忙しいところ、申し訳ないんだけれど、

午後の会議で使いたいので、

12時までに資料のコピーをお願いしたいんです。

突然ごめんね。いつもありがとう！

○○

ここで差がつく！

「忙しいところ……」と相手を気づかうフレーズをクッションにしています。

右ページの例文は、資料のコピーをお願いするときのお願い文です。午後の会議で使うという至急のお願いのため、冒頭で「忙しいところ……」と相手を気づかうひと言を添えています。

至急でお願いしたい場合は、「○時までに○○してもらいたい」という要件をはっきりとわかりやすく伝えましょう（ただし、申し上げるまでもなく、口頭で伝えられる状況であれば、一筆箋やメモでなく口頭で伝えます）。

また、文末でもう一度、「突然ごめんね」「急ぎのお願いですみません」など、お詫びのフレーズを添えると、より丁寧な印象になります。

なかには自分のペースを乱されることを極端に嫌う人もいます。依頼の内容や状況によっては、「なんで自分が？」と少し嫌な気分になる人もいるでしょう。

「いつもありがとう」または、先輩や上司には「お力をお借りできましたら、大変ありがたいです」など、**相手の立場を敬い、感謝のひと言を添える**ことで、こうしたネガティブな感情を抑えることができます。

部下や同僚へは、気持ちがやわらぐようなユニークな絵柄の一筆箋であれば、一層スムーズに事が運ぶかもしれませんね。

お願い（依頼）の文例２

打ち合わせ日時変更のお願い

取引先　便箋　縦書き

ネガティブな感情を抱かせないことがポイントです

株式会社○○○○　○○○○様
いつも大変お世話になっております。
先日の会議の書類を一式送付いたしますので、
よろしくお願いいたします。
なお、次回の打ち合わせを○日から翌○日に
変更していただけませんか。
こちらの勝手な事情で申し訳ありませんが、
お聞き入れいただけましたら、幸いです。
後日、あらためてお電話します。
株式会社○○○○　○○○○

ここで差がつく！
疑問文で相手におうかがいを立てるようにお願いすると、相手に不快感を与えません。

お願いのフレーズというと、「……してください」「よろしくお願いします」「……していただけたら助かります」などというのが一般的です。

これらのフレーズは、自分の要望をわかりやすく伝えるという意味では間違いのない好ましい伝え方ですが、毎回毎回、お願いするたびに「……してください」「よろしくお願いします」ばかりをつづけていると、お願いされる側に違和感を与えてしまうこともあります。「なんだかいつもお願いされてばかりで、フェアじゃない」「こちらにも都合があるのに、一方的に押し付けないでほしい」などと思われかねません。

こうしたネガティブな感情を抑えるために、疑問文でおうかがいを立てるという方法があります。「変更していただけませんか」「お知恵を貸していただけますか」「お願いしてもよろしいでしょうか」「……してもらってもいいかな?」などのように、疑問文を文中に織り交ぜるのです。

自分の都合を押し付けるばかりでなく、相手におうかがいを立てることで、相手の立場や考えを尊重できます。ちょっとしたことですが、気持ちよくお願いを聞き入れてもらうための大切なポイントです。

お礼
依頼
お詫び
励まし
お断り
お祝い

お願い（依頼）の文例 3

餞別への協力のお願い

同僚　便箋　横書き

言葉を替えて重ねてお願い！

営業部のみなさま
おつかれさまです！
すでにご承知かと思いますが、今月いっぱいで
○○さんが退社することになりました。
営業部では、これまでの○○さんのがんばりに感謝して、
みんなでお花を贈りたいと思います。
つきましては、お花代として一人 1,000 円、ご協力ください！
明日（10 日）の朝、集金にまわりますので、
よろしくお願いします。
なお、明日出張・外出予定の方は、今日（9 日）の 17 時までに、
私（△△）のところに持ってきていただけましたら、
ありがたいです。
お忙しいところ、お手数をおかけしますが、
どうぞ、よろしくお願いします！
△△　(*^_^*)

送別会で贈るお花代を集めるときのお願い文です。部内で回覧することを想定しています。直接の業務とは関係ないかもしれませんが、こうしたお願い文を書く機会は意外とあるものです。

例文では、「ご協力ください」「よろしくお願いします」「……していただけましたら、ありがたいです」と、お願いのフレーズをいくつか織り交ぜて書きました。「……ください」が連続すると、なんとなくしつこく感じられるものです。言葉を替えてお願いすることで、自然な文章に仕上がります。

また、例文のように複数の人が読む場合、日付を書くときには今日・明日といった表現だけでなく、（○日）と日にちを明記しましょう。その文章を書いた当日中に読んでもらえればいいですが、仕事の都合で席を外したり、外出していたりで、当日中に読んでもらえないこともあります。細かいことのようですが、期日はとても大切ですから、だれが読んでも誤解がないように気を配りましょう。

なお、こうした半ばプライベートなお願い文の場合、最後にちょっとした顔文字を添えたりするのもよいでしょう。笑いが生まれて、場の雰囲気がなごみますね。

お願い（依頼）の文例 4

自分の主張を通したいときのお願い

上司　一筆箋　横書き

相手を立てつつ、希望をきちんと伝えましょう

○○課長

おつかれさまです。

デザイナーさんから、デザイン案が届きました。

私はＡ案のほうがさわやかな感じがしていいと思うのですが、○○課長はどのように思いますか。

どうぞ、よろしくお願いします。

○○

ここで差がつく！

相手におうかがいを立てるとともに、自分の意思や希望をきちんと伝えることで、コミュニケーションをスムーズに運べます。

お願い文としては少し変化球だと感じられるかもしれませんが、自分の希望を上手に伝えることで、相手に気持ちよくお願いを聞き入れてもらう一例として、紹介させていただきました。

社内で何かを決定するときには、決定権を持つ立場の人がいるものです。しかし、さまざまな理由から、自分の主張を聞き入れてほしいと思うときもあるでしょう。場合によっては、上司の意見に反対しなければならない場面もあると思います。

そういったときに、わがままな人・自分勝手な人だと思われることなく、希望を聞き入れてもらうことができたら、仕事を気持ちよく進められると思いませんか。

大切なのは、相手のことを尊重することです。

尊重するためには、「……がいいです」「……したいです」と一方的に自分の希望を伝えるのでなく、「○○さんはどのように思いますか」と質問し、**相手の意見をきちんと聞く姿勢**が求められます。

まわりの人にお願いしたい・しなければならない場面はたくさんあります。**相手を立てつつ自分の主張を通す**「お願い上手」になりたいものですね。

すぐに使える！ お願いのフレーズ〈基本編〉

●お願いします

例文 コピーを3部、お願いします。

●よろしくお願いいたします

例文 ○日○時から、①よろしくお願いいたします。

●お願いしてもよろしいですか（でしょうか）

例文 日にちの変更をお願いしてもよろしいですか（でしょうか）。

●お願いしてもいいかな

例文 企画書の作成を②お願いしてもいいかな。

チェックポイント

① 漢字で「宜しくお願い致します」と書くと、かしこまった印象に。あなたの性格、立場や相手に与えたい印象などによって、漢字とひらがなのどちらがよいか考えてみてください。

チェックポイント

② 語尾に「かな」をつけると、途端にやわらかく感じられます。「お願いしてもいいかな」「してもらえるかな」「お願いできるかな」など、とりわけ部下にお願いするときに、覚えておくといいフレーズです。

●……させてください（ませ）

例文 こちらから、あらためてご連絡させてください（ませ）。③

●……してみてください

例文 時間のあるときに、見てみてください。④

●……してもらえたら（いただけたら）、ありがたいのですが

例文 場所を変更していただけたら、ありがたいのですが。

●いかがでしょうか

例文 打ち合わせの日にちは、来週の月曜で いかがでしょうか。⑤

チェックポイント

③ 語尾に「ませ」をつけると、より丁寧な印象になります。目上の人に丁重にお願いしたいときに使いましょう。

チェックポイント

④ ちょっとした違いですが、「……してください」よりもやわらかく、軽い感じがします。部下や同僚にお願いするときに使い勝手のいいフレーズです。

お礼　依頼　お詫び　励まし　お断り　お祝い

●よろしいでしょうか

例文 打ち合わせの日にちは、来週の月曜で⑥よろしいでしょうか。

●問題ありませんか

例文 打ち合わせの日にちは、来週の月曜で⑦問題ありませんか。

●恐れ入りますが

例文 ⑧お忙しいところ恐れ入りますが、よろしくお願いします。

●申し訳ないのですが

例文 ⑨こちらの都合で申し訳ないのですが、変更してもよろしいでしょうか。

チェックポイント

⑤＋⑥＋⑦

「……してください」だけでなく、疑問文でおうかがいすると、やわらかな印象になります。

●ご迷惑とは思いますが

例文
⑩ご迷惑とは思いますが、お引き受け願えませんか。

●お手をわずらわせてしまうかもしれませんが

例文
⑪お手をわずらわせてしまうかもしれませんが、どうぞよろしくお願いいたします。

●ご相談なのですが

例文
1 折り入って⑫ご相談なのですが、ご都合はいかがでしょうか。
2 折り入ってご相談させていただけませんか。

●お時間をいただきたいのですが

例文
1 少しお時間⑬をいただきたいのですが、よろしいでしょうか。
2 少しお時間をいただけませんか。

チェックポイント ⑧+⑨+⑩+⑪

お願い文を書くときには謙虚な気持ちでしたためます。内容や状況によって、相手の負担を気づかうひと言を添えましょう。

お礼 依頼 お詫び 励まし お断り お祝い

●お知恵をお借りしたいのですが

例文 1○○さんのお知恵をお借りしたいのですが、⑭
お願いできますか。
2○○さんのお知恵をお借りできませんか。

●ご査収ください

例文 1資料を送付いたしますので、ご査収ください。
2資料を送付いたしますので、
ご査収のほど、よろしくお願いいたします。

●お納めください

例文 サンプルをお送りいたしましたので、
お納めください。

チェックポイント

⑫+⑬+⑭
「……ですが、……できますか（よろしいでしょうか／いかがでしょうか）」など、一文で二度お願いする書き方もあります。書いている側は少しまわりくどく感じられるかもしれませんが、読み手にとっては丁寧な印象を受けます。

●ご笑納ください

例文 ⑮どうかご笑納いただけましたら、幸いです。

●ご覧ください

例文 資料を送付しますので、ご覧ください。

●ご高覧ください

例文 資料を送付いたしますので、⑯ご高覧ください。

●お力添えください

例文 次回のプロジェクトでも、ぜひまたお力添えください。

チェックポイント

⑮「ご笑納」とは、贈り物をするときなどに、「心ばかりのものですが、笑ってお納めください」という意味です。

チェックポイント

⑯「ご高覧ください」とは、「ご覧ください」をやや堅い感じにした言い回しです。特に目上の方に対して使う、書き言葉ならではの表現です。

●○○さんは気が利くから

例文 ⑰○○さんは気が利くから、お願いしてもいいですか。

●○○さんは上手だから

例文 ⑱○○さんは上手だから、安心してまかせられます。

●○○さんはきっと力になってくれると思い

例文 ⑲○○さんはきっと力になってくれると思い、特別にお願いしました。

●○○さんはそういう方面に詳しいので

例文 ⑳○○さんはそういう方面に詳しいので、向いていると思います。

チェックポイント

⑰＋⑱＋⑲＋⑳

相手のことをさりげなく褒めつつお願いすると、相手に気持ちよく応じてもらえます。「ほかの人ではなく○○さんにやってほしい」と思う理由を伝えることで、相手のやる気を引き出すこともできます。

何卒よろしく

例文 打ち合わせの件、㉑何卒よろしくお願いいたします。

どうぞよろしく

例文 がんばりますので、
㉒どうぞよろしくお願いいたします。

どうかよろしく

例文 ○○部長のお力が必要なのです。
㉓どうかよろしくお願いいたします。

お気になさいませんよう

例文 難しいようでしたら、
㉔お気になさいませんよう（お願いします）。

チェックポイント

㉑

「よろしく」の前に「何卒」をつけるとより丁寧な、重厚な感じが出ます。強くお願いしたいときに用います。

チェックポイント

㉒＋㉓

「どうぞ」と「どうか」の使い方で悩む人もいるかもしれません。一般的には「どうぞ」、特別なお願いのときに「どうか」を用います。また相手との関係で、自分が一歩下がってお願いしたいときにも「どうか」を用います。

●お気づかいなさいませんよう

例文 ㉕ご無理なようでしたら、お気づかいなさいませんよう（お願いします）。

●お忘れください

例文 ㉖なかったこととして、お忘れください。

●ご足労いただき

例文 ㉗ご足労いただき恐縮ですが、よろしくお願いいたします。

チェックポイント

㉔＋㉕＋㉖

相手の事情を気づかうフレーズです。また、お忘れくださいの丁寧な言い回しとして「放念してください」もあります。「放念」とは心配しないこと、気にかけないことを言います。

チェックポイント

㉗

「ご足労」とは、相手を敬って、その人がわざわざ出向くことをいいます。「ご足労をおかけして」とも使います。

すぐに使える！ お願いのフレーズ〈催促編〉

●……がまだのようですが、いかがなさいましたか

例文 お返事がまだのようですが、いかがなさいましたか。

●お忘れではありませんか

例文 約束をお忘れではありませんか。

●再度ご確認ください

例文 お振込みの有無を、再度ご確認いただけましたら、幸いです。

●もう一度……していただけませんか

例文 もう一度、ご連絡していただけませんか。

チェックポイント

相手の状況（単に度忘れしているのか、故意に忘れたフリをしているのか）によって、適切なフレーズは異なります。非難していると受け取られたくない場合は、疑問文でおうかがいを立てる書き方をするなど、より丁寧な言葉づかいを心がけましょう。

お礼 依頼 お詫び 励まし お断り お祝い

●再度……していただいても、よろしいでしょうか

例文 再度、ご連絡いただいても、よろしいでしょうか。

●思い違いかもしれないのですが

例文 私の思い違いかもしれないのですが、ご入金はお済みでしょうか。

●たびたびお願いして申し訳ないのですが

例文 たびたびお願いして申し訳ないのですが、資料を送付していただけないでしょうか。

●至急ご確認ください

例文 ご出張の日にちを至急ご確認ください。

●期日が過ぎましたので

例文 お約束の期日が過ぎましたので、至急、お願いいたします。

●誤解があるといけないので

例文 誤解があるといけないので、もう一度ご確認いただけませんか。

●お酌み取りいただき

例文 こちらの事情もお酌み取りいただけましたら、ありがたいです。

お礼
依頼
お詫び
励まし
お断り
お祝い

●せっかちなもので、

例文

㉘せっかちなもので、もう一度確認させていただけませんか。

●忘れてしまうといけないので、

例文

㉙忘れてしまうといけないので、口頭ではなく、文書でお願いいたします。

●私の勘違い

例文

㉚私の勘違いでしょうか。お間違いありませんか。

●本当のところは

例文

㉛本当のところはどのように思いますか。本心をお聞かせ願えましたら、幸いです。

チェックポイント

㉘+㉙+㉚

取引先や上司などの目上の人に再度お願いするときや、やんわりと抗議したいときには、あなたが下手に出ることで、相手に気持ちよく動いてもらいましょう。

●正直におっしゃって

例文 ㉜正直におっしゃっていただいてかまいません。

●もう一度、お聞かせ願いたい

例文 ㉝もう一度、お聞かせ願いたいのですが、○○についてはどのように思いますか。

●本音でお話しして

例文 ㉞大事なことですから、本音でお話しいただけませんか。

●確認ですが

例文 ㉟確認ですが、請求書はお手元に届いていますか。

チェックポイント ㉛+㉜+㉝+㉞

相手が婉曲的な・あいまいなものの言い方をするがために、本心が伝わりにくいこともあります。誤解がないように確かめたいときには、これらのフレーズを用います。

お礼
依頼
お詫び
励まし
お断り
お祝い

●ご確認願えますか

例文 ご入金がまだのようですので、㊱ご確認願えますか。

●必要になりましたので

例文 ㊲お貸ししている資料ですが、必要になりましたので、ご返却いただけませんか。

●期日が迫ってまいりましたので

例文 ㊳出発の期日が迫ってまいりましたので、早急にご手配願います。

●会社の決定ですから

例文 恐れながら、㊴会社の決定ですから、お聞き入れくださいますようお願いいたします。

チェックポイント ㉟＋㊱

催促するというより、「確認」をお願いしましょう。故意にではなく、相手の勘違い・何かの手違いかもしれないのですから、「どうなっているのですか！」などと詰め寄る書き方はやめましょう。

チェックポイント ㊲＋㊳＋㊴

相手に催促するとき、ストレートに「お願い！」とは言いにくいものです。「必要になったから」「上司に頼まれたから」「期限が迫ってきたから」などと理由を告げることで、相手の行動を促しましょう。

●いつ……していただけますか

例文 ㊵ お貸ししている資料は、
いつ返却していただけますか。

●次回お会いするときに

例文 ㊶ 先日の飲み会の立て替え分は、
次回お会いするときにお願いできますか。

●期日を決めさせていただいても

例文 ㊷ 恐れながら、返済の期日を
決めさせていただいてもよろしいですか。

チェックポイント ㊵

もう少し強く催促したいときには、「いつ返却して（入金して）いただけますか」などと相手に期日を指定してもらいます。場合によっては「○日までにご返却（ご入金）ください」などでもかまいません。

チェックポイント ㊶＋㊷

食事代やタクシー代などを立て替えるときもあるでしょう。相手が返金を忘れているときには、「次回お会いするときに」などとあなたのほうから期日を指定することで、やんわりと催促できます。

お礼　依頼　お詫び　励まし　お断り　お祝い

お願いの要注意フレーズ

要注意 ……しておいて！

ＯＫ ……してもらっていいかな

部下や後輩にお願いするときなどに、「……しておくこと」「……しておいて！」と命令口調で書くより、「……してもらっていいかな」「……してもらえるかな」「……してくれたら、助かります」などとやわらかく書くことで、相手に気持ちよく動いてもらえます。

要注意 お手すきのときに

ＯＫ 今週中に

「いつまでに」という指定がないお願いというのは、返答に困るものです。とりたてて返事を求めないときには「お手すきのときに」「お時間のありますときに」などの書き方のほうが好ましいですが、相手の返事や対応を期待するときには「〇日までに」「朝一番で」などと、具体的にお願いしましょう。同じように、「至急」「なるべく早く」などの表現も、人によってはあいまいに受け取る場合があります。トラブルを避けるためにも、急ぎの用件ほど期日をはっきりと伝えましょう。

要注意

先日の件、よろしくお願いします。

OK

先日の商品開発の件、再度ご検討のほど、よろしくお願いします。

相手がうっかり忘れている可能性があるときには、「何についてのお願いか」を具体的に書きましょう。思い出してもらうことで、物事がスムーズに運びます。

一方、秘密めいた要件のようなときには、「例の件、お願いします」など、具体的に書かずに相手に動いてもらうこともできます。

お願いするときには、文章の書き方以上に、日頃のコミュニケーションが問われます。日頃から丁寧なコミュニケーションを心がけ、その上で、相手を尊重した書き方を意識しましょう。

お礼
依頼
お詫び
励まし
お断り
お祝い

コラム4

タイミングを意識する

お願い上手になると、仕事の効率は格段にアップします。

ひと言で「お願い」といっても、「資料を送ってほしい」「日時を決めてほしい」などの事務的なことだけでなく、ときには上司や目上の人に「自分の主張を聞いてほしい」などと思うこともあるでしょう。

これらのときに求められるのは、タイミング。「どういうフレーズでお願いするか」以上に、「いつお願いするか」を意識することで、お願いしやすく、相手にも聞き入れてもらいやすくなります。相手の様子を観察して、仕事が落ち着いていそうなときや機嫌のよさそうなときを選びましょう。当然のことながら、お願いの内容によっては、メールや紙に書いてお願いするのではなく、面と向かって場所を選んでお願いすることも求められます。

また、お願いを聞き入れてもらった後には、「お時間をつくってくださって、ありがとうございました」「話を聞いてくださり、感謝いたします」「お話しできて、気持ちがさっぱりしました。ありがとうございました」などのお礼のフレーズで感謝の気持ちを表現しましょう。

PART 2 そのまま使える！ フレーズ集

4 お詫びのフレーズ

お詫びというとネガティブなイメージを
連想する人もいるかもしれませんが、
お詫びすること自体が悪いわけではありません。
きちんとお詫びすることで、相手に好印象を与え、
以後、引き立ててもらえる、ということもあります。
上手なお詫びのフレーズをマスターしましょう。

同僚へ

約束をとりつぐのを忘れてしまったときのお詫び
勤務日時を替わってもらったときのお詫び
ミスで迷惑をかけてしまったときのお詫び

部下へ

ミスしてしまったときのお詫び
約束を忘れてしまったときのお詫び

※正式なお詫び状は、ワープロ文書で作成したり、会社名で発行する必要があるため、ここではひと言添える際の略式の「ちょっとしたお詫び」を中心にしています。

いつ、だれに宛てて書けばいい？

お詫び文を書く場面一覧

お客様へ

納期を守れなかったときのお詫び
違う商品を送ってしまったときのお詫び
商品に欠陥があったときのお詫び
大切な連絡をし損ねてしまったときのお詫び
請求書の金額に間違いがあったときのお詫び
名前を呼び間違えてしまったときのお詫び
値上げのお詫び
クレームに対するお詫び

取引先へ

打ち合わせ日時を間違えてしまったときのお詫び
不手際があったときのお詫び
会議中に不快な気分にさせてしまったときのお詫び

上司・先輩へ

お客様からクレームが届いたときのお詫び
会社の規則に違反したときのお詫び
遅刻してしまったときのお詫び
飲み会で粗相をしてしまったときのお詫び

お詫びの文例 1

仕事で失言してしまったときのお詫び

上司　一筆箋　縦書き

長文を書こうとせず、短文で簡潔にまとめましょう

○○部長
おつかれさまです。
先ほどの会議では、行き過ぎた発言をしてしまい
大変申し訳ありませんでした。
以後、気をつけます。
今後とも、ご指導のほど、
何卒よろしくお願い申し上げます。
○○○○

ここで差がつく！
お詫びの文章は、全体をシンプルにまとめましょう。

お詫び状を書くときには、まずは素直に反省の言葉をつづりましょう。だらだらと長文を書こうと思うと、墓穴を掘ったり、文章を書くのが嫌になったりしがちです。書いているうちに、自らの非を認めるよりも、つい人のせい・状況のせいにするような言い訳めいた文章を書いてしまわないとも限りません。

本当に〝今後気をつける〟という強い意志があるかどうかは、文章の長さによって判断されるわけではありませんから、短文で簡潔にまとめるのがポイントです。弁解や言い訳を繰り返すのではなく、潔く謝罪することで許しを乞いましょう。

その際、「大変申し訳なかったと思います」「以後、気をつけようと思います」などのように、語尾を「思います」とするのは、いただけません。お詫びの言葉は、「申し訳ありませんでした」。同じ過ちを繰り返さない意志を伝えるためには、「以後、気をつけます」と言い切ります。あいまいにごさず、言い切ることで、相手に誠意が伝わります。

お礼
依頼
お詫び
励まし
お断り
お祝い

お詫びの文例2

商品の納品ミスに対するお詫び

お客様　便箋　縦書き

お詫びの気持ちだけでなく、信頼回復で次につなげて！

○○○○様

拝啓　いつも大変お世話になり、
ありがとうございます。心よりお礼申し上げます。
このたびはお届けした商品に間違いがありまして、
不快な思いをさせてしまい、
誠に申し訳ありませんでした。
取り急ぎ、責任者である上司の○○から
お詫びのお電話をさせていただきましたが、
あらためて私からもお詫び申し上げます。
今後はこのようなことがないよう、これまで以上に
気を引き締めて、業務に取り組んでまいります。
○○様には、これからも変わらぬご愛顧のほど、
心からお願い申し上げます。

敬具

株式会社○○○○　営業部○○○○

ここで差がつく！
信頼を回復できるよう、今度の姿勢や意気込みを書きます。

文例は、商品の誤発送に対するお詫び状です。商品を納品するときにミスがあったと想定しています。

文中に「取り急ぎ、責任者である上司の○○からお詫びのお電話をさせていただきましたが……」とありますが、お詫び状を書くときには、まず担当者や責任者が電話で謝罪して、この場合であれば、本来納品するはずだった商品をお客様にきちんと届けてから、あらためて謝意を伝えます。

その際、ことの重大さによっては「なぜこのようなミスが起きてしまったのか」、また「それに対してどのような改善策を立てたのか」を明らかにすることで、相手に安心してもらえるように努めます。謝罪の気持ちを伝えて許してもらうことと同時に、信頼を回復するように努力することが求められるからです。

右の文例は、どちらかというと「あっさり」と書きましたが、実際に手書きしてみると、かなりきちんとした印象を受けると思います。

個人的なミスばかりでなく、会社の責任として謝罪しなければならないときは、送付する前に上司に読んでもらうなどして、より誠実な姿勢が伝わるように心がけましょう。

お詫びの文例 3

約束をキャンセルするときのお詫び

先輩　一筆箋　横書き

一方的にならないよう、相手を立てる書き方を

○○先輩へ
おつかれさまです。今日の映画のことですが、
実は急な用事ができてしまい、当日になってから申し
訳ありませんが、キャンセルさせていただきたいのです。
先輩のご都合がよろしければ、
来週、ご一緒させていただけませんか。
今日のことは、本当にすみません！
いつも感謝しています。
○○

ここで差がつく！

相手を立てるために、相手の都合を聞いた上であらためてお誘いする書き方をすると、スマートです。

仕事が終わった後、社内の親しい人と一緒に飲みに行ったり、映画やスポーツを観に行ったりすることもあるでしょう。

すべて予定通りに運べばよいですが、いろいろな事情で、ときには急に予定を変更しなければならないことも出てくるかもしれません。

お客様や取引先ほど気をつかわない・気をつかう必要はないからといって、いきなり「別の予定が入ったので、やっぱりキャンセルしたいです」「来週ならOKです」と、一方的に自分の都合を告げるのはNGです。

この場合、自分の都合で相手の予定を変更させてしまう場面を想定していますから、まずはそのことを詫び、相手のことを立てるためにも、「当日になってから申し訳ありませんが、キャンセルさせていただきたいのです」または「キャンセルさせていただけませんか」。「先輩のご都合がよろしければ」または「ご都合のよろしいときに」、「ご一緒させていただけませんか」と、おうかがいを立てる書き方を心がけましょう。

お礼
依頼
お詫び
励まし
お断り
お祝い

お詫びの文例 4

飲み会の席で粗相をしてしまったときのお詫び

取引先　一筆箋（封筒に入れて）　縦書き

気持ちの込もった手書きの手紙が効果的！

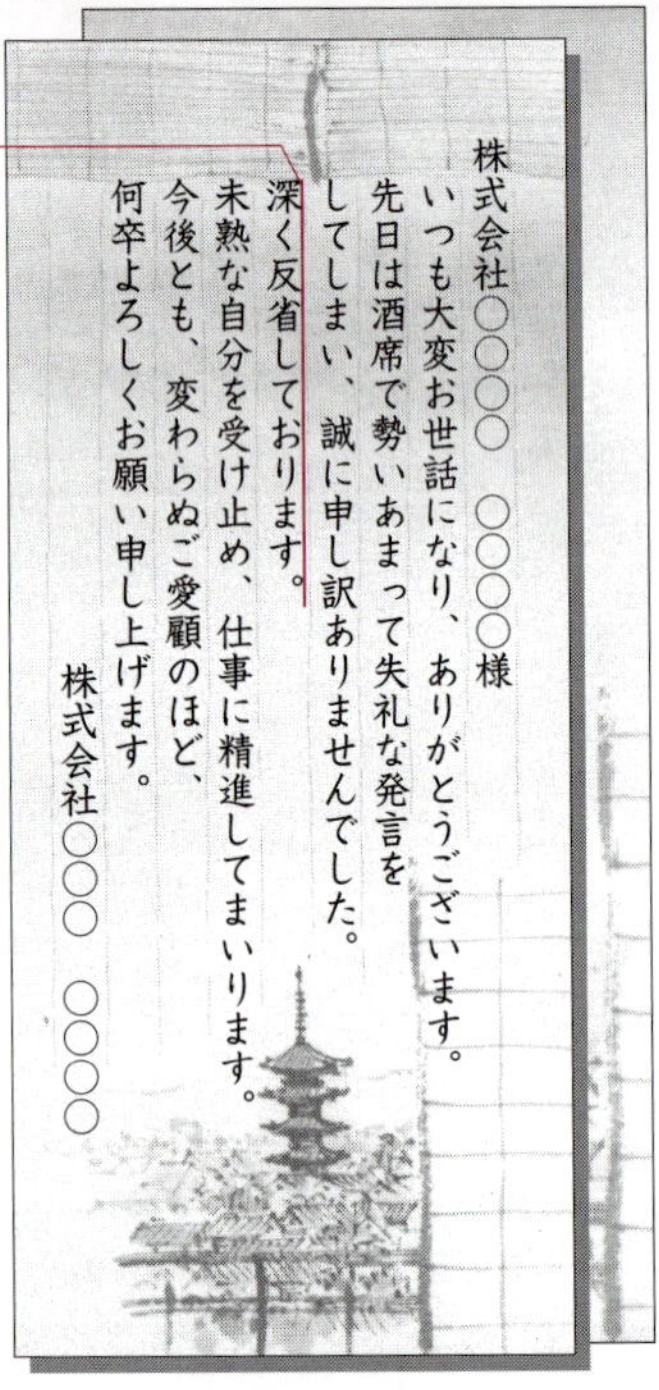
株式会社○○○○　○○○○様
いつも大変お世話になり、ありがとうございます。
先日は酒席で勢いあまって失礼な発言をしてしまい、誠に申し訳ありませんでした。
深く反省しております。
未熟な自分を受け止め、仕事に精進してまいります。
今後とも、変わらぬご愛顧のほど、何卒よろしくお願い申し上げます。
株式会社○○○　○○○○

ここで差がつく！

自分がしてしまったことを素直に反省し、お詫びの言葉をつづりましょう。

あまり考えたくないことですが、ときには飲み会の席などでハメを外しすぎ、粗相をしてしまうこともないとも限りません。お酒の席のことなので……と多少のことなら笑って済ましてくれる相手に対して、深刻に謝りすぎるのはかえって不自然ですが、取引先や目上の人など、「お酒の席の……」では済まされない場合もあるでしょう。

そのときは、まず素直に反省し、お詫びの言葉を伝えて相手に許しを乞いましょう。また、酒席では失敗してしまいましたが、仕事についてはこれまで通りに（また、これまで以上に）きちんとやっていく旨を伝えることも大切です。

その際、「よろしくお願い申し上げます」の前に「何卒」とつけると強い印象になり、よりしっかりとした意志を伝える手助けになります。

中には、文字を手書きすることに苦手意識があるあまり、パソコン入力で済まそうとする人もいるかもしれませんが、手書きのほうが、相手に与える印象が誠実です。ヘタな文字でも、大きな文字で丁寧に書けば、相手に不快感など与えません。気持ちを込めてつづりましょう。

お詫びの文例5

創立記念パーティに参加できないお詫び

取引先　ハガキ　縦書き

まずは招いていただいたことに対するお礼から

株式会社○○○○
代表取締役　○○○○様
いつも大変お世話になり、ありがとうございます。
このたびは、御社の創立記念パーティに
お招きいただき、ありがとうございます。
心よりお慶び申し上げます。
あいにく出張中のため、
お祝いに駆けつけることができません。
せっかくお誘いくださったのに、申し訳ありません。
ご盛会をお祈りいたします。
株式会社○○○○　総務部　○○○○

ここで差がつく!

せっかくの好意を無にしないためにも、
会の盛会をお祈りするひと言を添えましょう。

この例文の場合、ミスを謝罪するのではなく、出席できないことに対するお詫びのため、深刻な調子で謝罪の言葉を連ねる必要はありません。

まずは招待してくれたことに対する感謝の気持ちを書き、あいにく出席できないけれども、盛会をお祈りすることで陰ながら応援している（見守っている）という気持ちを伝えるとよいでしょう。

欠席の理由を伝える際の「あいにく出張中のため」というフレーズ、また「せっかくお誘いくださったのに」というフレーズを添えることで、相手の好意に応えられないことを残念に思う気持ちが伝わります。

このほかにも、たとえば先輩からの飲み会の誘いを断るときにも、これと同じ書き方ができます。

「誘ってくださって、ありがとうございます。あいにく別の予定が入っているため参加できません。みなさんで盛り上がってきて（または「楽しんできて」）ください」

など。断るときには何かと気をつかうものですが、①（お招きの）お礼→②断らなければならない理由とともに謝罪の言葉→③盛会祈願、という型を覚えておきましょう。

お礼
依頼
お詫び
励まし
お断り
お祝い

すぐに使える！　お詫びのフレーズ

●申し訳ありません（ございません）

例文　ご迷惑をおかけし、申し訳ありません（ございません）。

●申し訳ないことをしました

例文　①○○さんには、大変申し訳ないことをしました。

●ご迷惑をおかけしました

例文　②先日の打ち合わせの際には、ご迷惑をおかけしました。

●すみません

例文　昨日はせっかくお誘いいただいたのに、参ることができず、③すみません。

チェックポイント

①＋②
「○○さんには」「～の際には」などと、お詫びのフレーズの前にワンフレーズ添えて文章をつなげると、スムーズです。

チェックポイント

③＋④
社内の親しい相手（同僚や部下など）やプライベートの要件で謝るときには「すみません」「ごめんなさい」のほうが、気持ちが伝わりやすいこともあります。急にあらたまったフレーズを用いると、他人行儀な印象を与えるからです。

●ごめんなさい

例文 お借りしたペン、お返しするのが遅くなってしまい、④ごめんなさい。

●お詫び申し上げます

例文 このたびのこと、深くお詫び申し上げます。

●重ねてお詫び申し上げます

例文 このたびのこと、⑤重ねてお詫び申し上げます。

●まずは書面にて

例文 ⑥まずは書面にて、お詫び申し上げます。

チェックポイント ⑤

「申し訳ありません」は基本のフレーズですが、何度も繰り返すと、かえって不快な印象を与えかねません。繰り返すときには「重ねてお詫び申し上げます」とします。すると、気持ちが伝わると同時に、全体の印象が引き締まります。

チェックポイント ⑥

重大なミスを犯したときには、電話かお会いして直接謝罪するべきですが、状況によっては先に書面で「まずは書面にて、お詫び申し上げます」と謝罪します。

●至らぬ点があり

例文 ⑦至らぬ点があり、ご迷惑をおかけしたことをお詫び申し上げます。

●粗相があり

例文 このたびは⑧粗相があり、大変申し訳ありませんでした。

●ご無礼があり

例文 ⑨ご無礼がありましたことをお詫び申し上げます。

●ご期待に添えず

例文 信頼していただいたにもかかわらず、⑩ご期待に添えず、申し訳ありません。

チェックポイント

⑦＋⑧＋⑨＋⑩

具体的にどこが悪かったのか、なぜ相手を不快にさせてしまったのか、自分なりに考えてから書くことが大事です。反省の念を込めて、言葉をつづりましょう。

●不快な思いをさせてしまい

例文 私の勘違いから、
⑪○○様に不快な思いをさせてしまいました。

●ご気分を害してしまい

例文 ⑫○○さんのご気分を害してしまったことを、
深く反省しております。

●心苦しい限りです

例文 ご好意を無にしてしまったようで、
心苦しい限りです。

●お恥ずかしい限りです

例文 間違った書き方をしてしまいました。
お恥ずかしい限りです。

チェックポイント

⑪＋⑫ 文中で「○○様（さん）」と相手の名前を出して詫びると、心に訴える文章になります。

お礼
依頼
お詫び
励まし
お断り
お祝い

●お詫びの言葉もありません

例文 たび重なる不手際に、お詫びの言葉もありません。

●弁解の余地もありません

例文 これは当社の⑬不徳の致すところであり、⑭弁解の余地もありません。

●何卒ご了承いただけましたら

例文 ⑮何卒ご了承いただけましたら、幸いです。

●お聞き入れいただけましたら

例文 できる限りの対応をいたしますので、⑯お聞き入れいただけましたら、幸いです。

チェックポイント ⑬＋⑭

「不徳の致すところ」「弁解の余地もない」とは少しかしこまった表現ですね。会社や部のトップにある人が公に謝罪するときなどに用いるフレーズです。

チェックポイント ⑮＋⑯

相手に、こちらの事情を酌んでもらうときには、事前に「ご了承いただけましたら」「お聞き入れいただけましたら」などとおうかがいを立てましょう。

●厳重に受け止め

例文 このたびのことを厳重に受け止め、改善いたします。

●同じ間違いを起こさぬよう

例文 同じ間違いを起こさぬよう、努力してまいります。

●細心の注意を払い

例文 ミスのないよう、細心の注意を払ってまいります。

●二重、三重のチェックを重ね

例文 ⑰二重、三重のチェックを重ねるなど、万全の体制でのぞみます。

●指導を徹底して

例文 再発防止のため、⑱指導を徹底してまいります。

●変わらぬお付き合いのほど

例文 ⑲今後も変わらぬお付き合いのほど、何卒よろしくお願いいたします。

●変わらぬご愛顧のほど

例文 ⑳今後も変わらぬご愛顧のほど、謹んでお願い申し上げます。

●お許しください

例文 このたびのご無礼をお許しください。

チェックポイント

⑰＋⑱

起こしてしまったミスに対して、その後どのような対応を行うつもりであるか書き添えることで、信頼を回復するきっかけになります。

チェックポイント

⑲＋⑳

ミスの後も「変わらないお付き合い」を望み、その気持ちを素直に表現します。あくまで誠実に謝罪した後に添えるフレーズです。

●ご容赦ください

例文 わかりにくいところもあるかもしれませんが、
㉑ご容赦ください。

●あしからず、ご了承ください

例文 諸事情により出席できません。
㉒あしからず、ご了承ください。

●恐れ入りますが

例文 恐れ入りますが、
参考資料をお送りいただけませんか。

●あいにく

例文 ㉓あいにくその日は都合が悪く、
恐れ入りますが、別の日にしていただけませんか。

チェックポイント

㉑「容赦」とは「ゆるすこと」「大目に見ること」「手加減すること」などを言います。つまり、「ご容赦ください」は、厳しくとがめず寛大に扱ってほしいという意味です。

チェックポイント

㉒「あしからず」とは漢字で書くと「悪しからず」、つまり、「悪く思わないで」「気を悪くしないで」という意味です。

お礼 依頼 お詫び 励まし お断り お祝い

●せっかく

例文 ㉔せっかくお声掛けいただいたのに、申し訳ありません。

●残念ながら

例文 ㉕残念ながら出張中のため、あしからず、ご了承ください。

●力不足で

例文 私の力不足で、お役に立てず、申し訳ありませんでした。

●ご心配をおかけし

例文 ㉖問題は解決済みです。ご心配をおかけし、申し訳ありませんでした。

チェックポイント ㉓+㉔+㉕

「あいにく」「せっかく」「残念ながら」というフレーズを添えて断ることで、相手の意に添えないことを残念に思う気持ちが伝わり、全体の印象がやわらかくなります。

チェックポイント ㉖

本来、「ご迷惑をおかけし」とするほうが丁寧かつ誠実ですが、すでに問題が解決されているなら、「ご心配をおかけし」というフレーズもよいでしょう。

お詫びのNGフレーズ

NG すいません
OK すみません

言葉の間違いに気をつけましょう。「すみません」は「済まない」が語源なので、「すいません」ではなく「すみません」が正しい表記です。

お詫びのときほど、相手はあなたが誠心誠意、謝っているかどうか、その姿勢に目を向けているものです。くれぐれも気をつけましょう。

NG 申し訳け（申し分け）、ありません
OK 申し訳ありません

漢字の間違いにも気をつけましょう。「申し訳け（申し分け）ありません」とはよく目にする誤字ですが、これではせっかくのお詫びの気持ちが伝わらなくなってしまいます。

NG （大変）失礼しました。
OK 申し訳ありませんでした／すみませんでした。

お詫びのフレーズというと、「失礼しました」を思い浮かべる人もいるかもしれませんが、わたし自身はあまり好ましく思いません。軽い感じがして、お詫びの気持ちが伝わりにくいと感じます。受け取る相手によっては誠意が伝わらないか、軽くあしらわれたように感じる場合もあるようです。
書き言葉の場合、「申し訳ありません」とするのが、丁寧かつお詫びの気持ちを伝える上で、いちばん適切なフレーズです。社内の同僚や親しい先輩や、プライベートの要件で謝るときには「すみません（でした）」もよいでしょう。

NG お詫びしたいと思います
OK お詫びいたします

「〜したいと思います」とあいまいな表現ではなく、「〜します」と言い切ることが大事です。同様に、同じ過ちを繰り返さない意志を伝えるときに、「細心の注意を払ってまいりたいと思います」「〜しないように気をつけたいと思います」などとするのはNGです。

「注意を払ってまいります」「気をつけます」と強く宣言することで、相手に与える印象がよくなるだけでなく、あなた自身の心にも、成し遂げようとする気持ちが生まれるでしょう。

NG **役不足**

OK **力不足**

「私の力不足で、申し訳ありませんでした」とするのは、「私の力が足りなかった」ことに対するお詫び文です。

その一方で、「私には役不足で、申し訳ありませんでした」は明らかな間違い。なぜなら、「役不足」とは「私にはその役目は不足である（とても満足できない）」という意味だからで、正しくは依頼する側が「あなたには役不足で申し訳ありませんが」などのように使います。

似た言葉だけに、うっかり間違えてしまわないように、注意しましょう。

コラム5

小さなことでも早めに謝る

だれにでも、うっかりミスをしてしまうことはあります。相手のためによかれと思ってしたつもりでも、相手を怒らせてしまったり、結果的にトラブルを招いてしまったりすることも、ないわけではありません。ときと場合によっては、自分に非がないときでも相手の立場を尊重し、自ら謝らなければならないこともあるものです。

完璧な人などいません。百パーセントミスを防ぐこともまた不可能。だからこそ、ミスを起こしてしまったときは、小さなことでも早めに謝りましょう。ミスを隠そうなどとは思わず、「申し訳ない」という気持ち、相手にお詫びしたいという真意を素直に伝えることが大事です。

いちばんいけないのは、ミスを人のせい・会社のせいにして、「わたしのせいではない」と主張すること。相手にとってはつまらない言い訳に聞こえ、不快感が増すだけです。

お詫び状を書くときには、ミスを潔く認め、謝罪し、なぜそのミスが起きてしまったのか、また今後どうやってミスを防ぎ信頼回復に努めるのか、現在の改善状況と今後の指針を述べて、信頼回復に努めましょう。

PART 2 そのまま使える！ フレーズ集

5 励ましのフレーズ

落ち込んでいる人を励まし、
まわりの人のやる気を引き出すことで、
仲間と一緒に成果を上げていきましょう。
励ましのフレーズを心がけると、
自然と人望が集まります。
まわりから感謝され、応援される人になるのです。

同僚へ

大事な会議にのぞむ前の励まし
日頃の何気ない励まし
マラソンレースにのぞむときなどの励まし
落ち込んでいるときの励まし

部下へ

日頃の何気ない励まし
何かにチャレンジするときなどの励まし
ミスしてしまったときの励まし

知人へ

病気のお見舞い
暑中見舞い・寒中見舞い
しばらく顔を見ていないときに近況を尋ねる

いつ、だれに宛てて書けばいい？

励まし文を書く場面一覧

お客様へ

- 落ち込んでいるときの励まし
- 元気を出してほしいときの励まし
- 入院のお見舞い

取引先へ

- やる気を引き出したいときの励まし
- さらに力添えしてほしいときの励まし
- イベント開催など大事な仕事を前にしての励まし

上司・先輩へ

- 重要な会議などの大きな仕事を前にしての励まし
- 資格試験受験のときの励まし
- 仕事がうまくいかなかったときの励まし

励ましの文例1

試験前の先輩を応援

先輩　ミニ便箋（封筒に入れて）　横書き

応援のメッセージは、前向きな表現を心がけましょう

いつも遅くまで、おつかれさまです。
先輩のがんばっている姿を目にすると、
僕もやる気が湧いてきます。
週末の試験、よい結果につながるように
祈っています。　○○

ここで差がつく！
相手を応援する気持ちを込めて、
前向きな表現をつづりましょう。

がんばっている人のことを応援したいと思う気持ちは、だれにでもあるものです。たとえば、大きな仕事に取り組むとき、同じ職場で働く仲間が資格試験を受けるとき、趣味でマラソンレースに出場するとき、コンクールに出場するとき……。

目の前にいる相手の「がんばりどき」に応援メッセージを送ると、相手に喜ばれ、感謝されるだけでなく、メッセージを送る自分も気持ちがいいものです。励ましの言葉は元気が出る言葉ですから、書いている本人にとっても気分がいい。送るほうにとっても、もらうほうにとっても、どちらにとってもうれしいメッセージといえるでしょう。

また、応援し上手な人は、応援され上手ともいえます。日頃から、励ましの言葉を投げかける習慣をつけていると、いざというときに、あなた自身も、まわりの人から応援してもらえるようになるのです。

定番フレーズ「がんばってください」「応援しています」のほかに、「よい結果につながりますように」「お力を存分に発揮できますように」など、こちらの願いをこめたやわらかい言葉も、相手に気負いを与えすぎないという点でおすすめです。前向きな表現を心がけましょう。

励ましの文例２

うまくいかなかったときの励まし

上司　ミニ便せん　横書き

落ち込んでいる相手に対して、指摘の表現はＮＧです

○○部長へ
おつかれさまです。
先ほどの会議、残念でしたね。
わたしも、すごくいい企画だと思って
いたので、驚きました。
でも、わたしはもう
立ち上がっていますよ（笑）
次回はわたしもお役に立てるように、
もっとがんばります！
これからもビシバシしごいてください！
○○

ここで差がつく！
あえて気丈に振る舞い、相手に
笑ってもらうのもポイントです。

ときには落ち込んでいる人を元気づけたり、なぐさめたり、気合を送りたい・送らなければならない、と思うときもあるでしょう。ビジネスシーンにおいても、上司・部下という立場にかかわらず、ミスをカバーし合う、トラブルから早く立ち直るためにお互いを励まし合う場面は、決して少なくないはずです。

落ち込んでいる人を励ますときには、3つのポイントがあります。

1. 起きてしまった結果に対して、ストレートに励ます
2. あえて気丈に振る舞い、笑いを誘うことで、落ち込んでいる相手を励ます
3. 起きてしまった結果にはふれずに、違う視点から励ます

ここでは1.と2.を組み合わせて、例文をつくってみました。1.2.3.のどの方法がふさわしいかは、そのときのシチュエーションや相手の人柄、相手との関係によって考える必要がありますが、例文のような「ひと言、励ましのメッセージを送りたい」という場面では、落ち込んでいる相手をさらに落ち込ませるような「○○な点が悪かった」「○○しておけばよかったのに」などの指摘を意味する表現はNGです。

ちなみに、上司、取引先など、自分よりも目上の人を励ましたり、元気づけたりするときには、自分がピエロになって笑いを誘うのもよい方法です。

励ましの文例 3

資料に添えるメッセージ

取引先　一筆箋　縦書き

褒め言葉や感謝の言葉で、相手のやる気を引き出します

株式会社△×△　◇◇◇◇さま
こんにちは、いつもお世話になっております。
再度、企画書をお送りします。
先日ご指摘いただいた箇所も修正しました。
◇◇さんのご意見は的確ですね。
あらためて「さすがだなぁ」と思いました。
どうぞ、よろしくお願いいたします。
株式会社○×△　○○○○

ここで差がつく!
さりげない褒め言葉によって、尊敬の念を伝えます。

ビジネスシーンにおいては、取引先や協力会社、同僚などから、これまで以上に力添えがほしいと感じる場面があるでしょう。

そんなときには、用件を伝えつつさりげなく褒めることで尊敬の念を伝え、相手のやる気を引き出しましょう。

例文では、日頃の何気ない書類のやりとりの場面を想定し、書類送付のご連絡に添えて、「意見が的確」というフレーズを用いて相手のことを敬っています。このほかにも「行動力がある」「リーダーシップがある」「面倒見がいい」など、ビジネスパーソンとして言われてうれしい褒め言葉を添えると、「期待に応えよう」「いい仕事にしよう」と、これまで以上に力を発揮してもらいやすくなります。

うまく思い浮かばないときは、「親切にしてくださって、ありがとうございます」などの感謝の言葉でもよいでしょう。

おおげさに褒めると嫌らしさを感じさせたり、「何か裏があるのでは?」などと疑われたりすることもあるかもしれませんが、何気ない場面でひと言添えるからこそ、心に響くこともあるものです。

励ましの文例４

入院のお見舞い

お客様　ハガキ　縦書き

場合によっては、直接的な表現より間接的な表現を

○○さん

ご無沙汰しています。

だいぶ暖かく感じられるようになりましたね。

先日、風の便りで、ご近況を耳にしました。

どうかお大事になさってください。

また次にお目にかかれますときを

楽しみにしています。

簡単ですが、ご挨拶まで。春が待ち遠しいですね。

○○

ここで差がつく！

病気やケガでの入院の場合、「早く退院できますように」などと直接的に書くのではなく、間接的な表現を使って、相手を励ます方法もあります。

知人が病気やケガで入院しているときには、励ましのハガキを送りましょう。病気やケガの治療中やその直後は、気持ちが落ち込み、心が弱っているもの。手書きのハガキが1枚届くだけで、普段以上にうれしく感じるでしょう。

とはいえ、場合によっては、病気やケガの度合いがどの程度のものか、数日間の入院で退院できるのか、もっと長引きそうなのか。あるいは、そういった詳しい状況については一切わからない、さらには、それらについて面と向かって聞くのがはばかられることもあります。

さほど深刻でない場合は言葉を選ばずに書けそうですが、そうでない場合は、病気やケガについては一切ふれずに、快復後の楽しい出来事を連想させる内容がよいでしょう。

相手は、どんな言葉を投げかけてもらったらうれしいでしょうか。どんな言葉を聞きたいと思うでしょうか。相手の気持ちを想像しながら、言葉をしたためましょう。

その際、相手の趣味や好きな話題にふれて、「また一緒に○○に行きたいですね」「○○について、話しましょう」などと書くのもおすすめです。

お礼
依頼
お詫び
励まし
お断り
お祝い

すぐに使える！　励ましのフレーズ

●おつかれさま

例文　①いつもおつかれさまです。

●大丈夫

例文　これだけ練習したんですから、②大丈夫！

●うまくいく

例文　明日はきっとうまくいきますよ。

●がんばって

例文　いよいよ明日ですね。③○○さんらしく、がんばってください。

チェックポイント

①

何気ない言葉ですが、「いつもおつかれさまです」とは相手をねぎらう、やさしさあふれる言葉です。手書きすると、さらにやさしさが強調されます。

チェックポイント

②＋③

すでに十分がんばっている人に「もっとがんばって」などと言葉をかけると、かえって嫌がられることもあります。「大丈夫！」「○○さんらしくね」などの言葉でエールを送りましょう。

●応援している

例文 ○○さんのこと、④いつも応援しています。

●見守っている

例文 ○○さんのこと、⑤ちゃんと見守っていますよ。

●成功する

例文 ⑥わたしが保証します。きっと成功しますよ。

●元気を出して

例文 元気を出してくださいね。

チェックポイント

④＋⑤

「応援している」と比較すると、「見守っている」は、目上の人が部下などに向けてかける言葉です。

チェックポイント

⑥

すでに信頼関係ができあがっている人に対してなら、「大丈夫、わたしが保証します」などの言葉も有効です。心強いと感じる言葉で励ましましょう。

●勇気を出して

例文 勇気を出して、がんばって!

●あきらめない

例文 ⑦最後まであきらめないぞ。

●自分を信じて

例文 ⑧自分を信じて、がんばって!

●笑顔を忘れずに

例文 大変なときこそ、笑顔を忘れずに。

---

⑦ チェックポイント

もうダメかもしれないと、気持ちが萎えかけたときに「最後まであきらめないぞ」などの強い言葉は有効です。身が引き締まりますね。

⑧ チェックポイント

「自分を信じる」とは、とてもよい言葉だと思います。相手に信頼されていることがわかると同時に、気を強く持つことができます。

●行ってらっしゃい

例文 これから商談とのこと、⑨行ってらっしゃい！

●よくがんばった

例文 おつかれさま、⑩よくがんばりましたね。

●よい結果につながるように

例文 今週末の見学会、よい結果につながりますように。

●お力を存分に発揮できるように

例文 明日、お力を存分に発揮できますように、お祈りしています。

---

⑨ チェックポイント

以前、大事な打ち合わせに向かう際、知人にかけてもらったのが、この「行ってらっしゃい」の言葉。すごく心強く感じたことをよく覚えています。

⑩ チェックポイント

親しい人に「よくがんばったね」とねぎらってもらうと、これまでの労が報われたかのような気分になります。認めてくれる人の存在が温かく感じられます。

●元気をもらう

例文 ○○さんとお話しして、⑪元気をもらいました。

●まかせて

例文 大丈夫、自分にまかせてください！

●安心して

例文 安心してのぞんでください。

●大船に乗ったつもりで

例文 大丈夫。⑫大船に乗ったつもりで、わたしについてきなさい。

チェックポイント

⑪「元気をもらいました」という言葉によって、相手に「自分は、人に元気を与える力があるのだ」と気づいてもらえます。

チェックポイント

⑫「大船に乗ったつもりで」とは、「安心して」「信頼してまかせて」などの意味です。不安を吹き飛ばす自信あふれる言葉ですね。

●気合を入れて

例文 ⑬ここまできたんですから、最後は気持ち。気合を入れて、がんばって！

●やるしかない！

例文 ⑭あとはもうやるしかない！

●仕事が速い

例文 ⑮○○さんは仕事が速いですね。

●行動力がある

例文 ⑯行動力があるところ、さすがです。

チェックポイント ⑬＋⑭

いざというとき、物事の最後は「気合」勝負。気の持ちようで勝敗が決まるといっても過言ではないでしょう。「やるしかない！」と腹に力を込めると、高い壁も乗り越えていけそうです。

お礼　依頼　お詫び　励まし　お断り　お祝い

●リーダーシップがある

例文 ⑰○○さんはリーダーシップがあるから、みんながついていくのですね。

●できる

例文 ⑱○○さんなら、きっとできると思います。

●楽しみにしています

例文 きっとすばらしい報告を聞けるはずだと、楽しみにしています。

●期待しています

例文 部長が○○さんには期待しているとおっしゃっていました。
一緒にがんばりましょうね！

チェックポイント

⑮＋⑯＋⑰
相手の仕事に対するモチベーションを上げたいときは「仕事が速い」「行動力がある」「リーダーシップがある」「面倒見がいい」など、ビジネスパーソンとして言われてうれしい褒め言葉を添えましょう。

チェックポイント

⑱
「できる」とはシンプルなだけに、思いの伝わる励ましの言葉です。

●話を聞かせてください

例文 ここのところ少し元気がないようですが、何かありましたか。
もしよかったら、⑲話を聞かせてくださいね。

●バックアップします

例文 最大限⑳バックアップします。
最後まで、がんばりましょう。

●一緒に行く

例文 ㉑今度、一緒に行きませんか。

●見習いたい

例文 字がきれいなところ、見習いたいです。

チェックポイント

⑲＋⑳
相手にかける言葉がうまく見つからないとき、「一人じゃない」「仲間がいるよ」そんな気持ちを感じてほしいときにかける言葉です。

チェックポイント

㉑
「一緒に」という言葉も、相手を勇気づけます。たとえ心細く感じていたとしても、「一緒に」ついてきてくれる人がいると思うと、途端に心強く感じられることもあるからです。

●○○さんのようになりたい

例文 わたしも、○○部長のようになりたいです。

●(^^)v

例文 ㉒ファイト！(^^)v

チェックポイント

㉒落ち込んでいる相手を励ますときには、顔文字も有効です。社内の同僚や先輩、後輩には十分、使えます。手書きの顔文字は愛嬌がありますね。癒し効果もバツグンです。

励ましのNGフレーズ

NG ご苦労さまです

OK おつかれさまです

目上の人に向けて「ご苦労さまです」と言葉をかけるのは不適切です。「ご苦労さま」のような、相手の労をねぎらう言葉は、目上の人から目下の人に向かって送られる言葉とされているからです。

上司に対して「いつもご苦労さまです」、お客様に対して「ご来場いただき、ご苦労さまです」などと言ったり書いたりしないよう気をつけましょう。

この場合、「おつかれさまです」「ご来場いただき、ありがとうございます」「いつもお世話さまです」などの言葉に置き換えますが、お互いの立場がわかりにくいときもありますから、いっそのこと「ご苦労さまという言葉は使わない」と覚えておくと、誤解を生む恐れがなく、気が楽だと思います。

NG 余裕です

OK 大丈夫です

たとえば、「ここまでくれば余裕ですよ」などと書くと、悪気がなくとも、状況によっては軽くあしらわれたように受け取られることがあります。話し言葉ではよく使われますが、とりわけ目上の人に対して「余裕です」という言葉は控えるほうが無難です。

この場合、「大丈夫です」、もしくは「最後まで気を抜かずに、気を引き締めてがんばります」などの言葉に置き換えましょう。

NG ○○な点が悪かった／○○しておけばよかったのに

OK 次回は○○できるように努力しましょう

落ち込んでいる相手を励ますときに、具体的な反省点を指摘すると、かえって逆効果、ますます落ち込ませてしまうリスクもあります。

悪かった点・いたらなかった点に気づき、あらためるのは大事なことですが、相手に言葉をかけるときには「前もって、○○しておくのが成功の秘訣ですよ」などと前向きな表現にあらためましょう。

NG 全然大丈夫です

OK 全然問題ありません

「全然」という言葉は、それにつづけて「～ない」などの打ち消しの言葉や「うまくいかない」などの否定的な言葉をつなげることで、意味を成します。たとえば、「全然うまくいきませんでした」「全然、問題ありません」などがそれにあたります。

したがって、「全然大丈夫です」「全然できます」などの使い方はNG。近年、誤用が目立つ言葉ですから、気をつけましょう。

お礼　依頼　お詫び　励まし　お断り　お祝い

コラム6

相手の名前を添える

落ち込んでいる人を励ますとき、また身近な人を元気づけたいときには、文中で呼びかけるように、相手の名前を添えてみましょう。

受け取る側にとっては、「このメッセージは、自分に向けて発せられたものだ」という感覚が強まり、より心に響くメッセージになると同時に、そのメッセージを発してくれた相手に対する親しみや感謝の気持ちも高まります。

文字を手書きして相手に渡す場合であれば、手書き文字の書体から、手書きならではの温かみや人柄が伝わり、この効果はさらに際立ちます。ぜひ試してみてください。


「大野君、いつも応援しています」

「石岡さん、元気を出して、がんばって！」

「木村さんなら、きっとできると思います」

「松本さん、おつかれさま。よくがんばりましたね」

「木下部長は本当に頼りになります。

僕もいずれ木下部長のようになりたいです」

PART 2　そのまま使える！ フレーズ集

6　お断り（抗議）のフレーズ

ビジネスシーンにおいては、
依頼や提案を断ったり、ちょっとした抗議とともに
返金を求めたりすることもあるものです。
断り方や抗議の仕方はとても大事です。
言い方ひとつであなたの株は上がりもすれば、
下がりもするのです。
相手の気持ちを想像しながら言葉を選びましょう。

同僚へ

飲み会の誘いをお断りする

シフト交代の依頼をお断りする

ミスに抗議（注意）する

後輩へ

ちょっとした約束をお断りする

勤務態度を抗議（注意）する

いつ、だれに宛てて書けばいい？

お断り（抗議）文を書く場面一覧

お客様へ

- 返品をお断りする
- 納期の変更をお断りする
- 店内での迷惑行為へのお断り

取引先へ

- 依頼をお断りする
- 提案をお断りする
- 掲載をお断りする
- 紹介された商品をお断りする
- 定例会への参加をお断りする
- ダイレクトメールの送付をお断りする

上司・先輩へ

- 対応できない依頼をお断りする
- スケジュールの変更をお断りする
- 取引先への同行をお断りする
- 飲み会の誘いをお断りする
- 意見に抗議、反論する
- 指示に問題があったことに抗議する

お断り(抗議)の文例 1

急ぎの依頼へのお断り

上司　一筆箋　縦書き

頭ごなしの否定はNG！　代替案を出しましょう

○○部長

おつかれさまです。

先ほどの新規受注の件ですが、現在、A社からの注文に応じており、今すぐとりかかるのは難しい状況です。来週からは対応できますので、その旨、先方にお伝えいただけないでしょうか。

○○部　○○

ここで差がつく！

「ダメ！」と頭ごなしに断るのではなく「難しい」と言葉をあらためます。

何かの依頼やお願いを断るとき、その断り方次第で今後の付き合いが大きく左右すると言っても過言ではありません。断り方はとても大事です。

右ページの例文の場合、たとえば、

「今すぐとりかかるのは無理です。今週中はダメなので、その旨、先方にお伝えいただければと思います」

などと書かれていたら、どのように感じるでしょう？　状況は伝わりますが、なんとなく、一方的にシャッターを下ろされたような冷たさを感じませんか。依頼した側の立場になって読むと、味も素っ気もない言葉にゲンナリしたり、なかにはムッとくる人もいるかもしれません。

相手の意向に添えず依頼やお願いを断るときには、頭ごなしにならないよう、相手を立てる気持ちで、やわらかな言葉を選びましょう。

その上で、いつなら可能なのか、どうすれば可能なのかを考えて代替案を出すと、相手に悪い印象を与えません。

その文章を読む相手はどのように思うでしょうか。読み手の気持ちを想像しながら書きましょう。

お断り（抗議）の文例２

提案へのお断り

取引先　便箋　横書き

お断りする場合も、お礼の気持ちを忘れずに

株式会社○○○○　○○○○様

いつも大変お世話になっております。
このたびは、商品開発の件で興味深い
ご提案をありがとうございました。
社内で検討しましたところ、
残念ながら、現状、当社の規模では
実現の可能性が低く、今回は
見送らせていただくことになりました。
ただ、とても斬新なアイデアに、
社員一同、大きな刺激を
いただきました。
いつもありがとうございます。
今後とも、どうぞよろしくお願い
申し上げます。

株式会社○○○○　○○○○

ここで差がつく！
相手が受け入れやすいよう、まずお礼の言葉からはじめ、お礼の言葉で締めます。

相手のしてくれた提案や好意を断るときには、多かれ少なかれ、胸が痛むものです。それが日頃からよくしてくれている相手であればなおさら。相手の顔をつぶさないよう配慮しつつも、余計な気を持たせないよう、あいまいにせずにきっぱりと断る必要があります。

その際、まずは相手の提案に感謝し、残念ながら見送る旨を伝え、再度、「今回は残念だけれどもいつも貴重なご意見をありがとうございます」という気持ちを込め、感謝の言葉で締めます。

最初と最後に「ありがとう」。これを「ありがとうのサンドウィッチ」と覚えてください。この効果はバツグンです。きっぱりと断っても角が立ちません。

また、断る際には、理由も添えるほうが誠実です。その際、右ページの「当社の規模では実現の可能性が低く」というように、相手に原因を求めるのではなく、自社の都合を理由にして断ると、感情がこじれません。

具体的な理由を書きにくい場合は、「社内の決定により」など、担当者本人の力が及ばないところでの回答であることを伝えるとよいでしょう。

ふと思いましたが、これは、異性からのお誘いを断る場合も同じかもしれませんね。

お断り（抗議）の文例 3

意見にやんわりと反論する

上司　一筆箋　横書き

感情的な言葉を持ち出さず、冷静に言葉を選びましょう

○○課長
先ほどは貴重なご意見をありがとうございました。
ただ、あらためて考えてみたところ、
大変申し上げにくいのですが、私はやはり、
同意しかねるのです。恐れながら、
再度、話し合いの場を持っていただけませんか。
○○

ここで差がつく！

上司や取引先などの目上の人の意見に反論するとき、クッションとして用います。

ときには上司や取引先など、目上の人の意見に反論したい場合もあるでしょう。感情論での抗議や反論ではなく、客観的な視点から考えた上でどうしても納得がいかない場合、業務上のトラブルにつながってしまう場合などには、冷静に言葉を選んで、あなたの意見を伝える必要があります。

その際は、まず先に相手の意見を認めます（＝「貴重なご意見をありがとうございました」）。次に、あなたの意思を端的に伝え（＝「同意しかねます／賛成しかねます」など）、今後の対応を提案します（＝「再度、話し合いの場を持ってほしい」など）。

思いが強いばかりに、長文をダラダラとつづるのは逆効果です。冷静にならないと、客観的な視点を保つことはできません。「絶対納得できません」「課長は間違っていると思います」などの感情的な言葉は一切持ち出さず、あえて丁寧な言葉を選びコンパクトにまとめることで、ヒートアップする気持ちを抑えましょう。

反論で終わるのではなく、今後どうしたいのか、どうすればよいと思うか、考えを整理した上で、先につながる書き方をすることもポイントです。

お礼
依頼
お詫び
励まし
お断り
お祝い

お断り（抗議）の文例４

飲み会の誘いへのお断り

先輩　ミニカード　横書き

感謝の気持ちに加え、次の機会につながるひと言を

○○先輩へ
お誘いありがとうございます。
残念ながら、その日は別の予定があり、
参加できないのです。
とても残念です。（涙）
また次回、
ぜひ誘ってください！
○○

ここで差がつく！

残念ですというフレーズをあえて繰り返すことで、
本当に残念だという気持ちが伝わります。

本当は誘いに応じたいのだけれど、別の予定が入っているなどの理由でどうしても断らなければならないときは、まず誘ってもらったことへの感謝の気持ちを伝えます。

相手にとっては「参加できずにすみません！」と謝られるよりも、「誘ってくださって、ありがとうございます！」と感謝されるほうが、気持ちがいいものです。

断ること自体がいけないわけではありません。断り方とフォローの仕方を覚えれば、断るときでさえ、かえってプラスの印象を残すことができます。

ポイントは、

「今回は残念ながら参加できませんが、ぜひまた声をかけてください」

「来月には落ち着いていると思いますので、次もまたお声がけいただけませんか」

など、次の機会につながるひと言を添えることです。すると、断られた相手もまた声をかけやすく、かえって次回の「当て」にしてもらえる可能性も高まります。

プライベートなやりとりであれば、残念な気持ちを表現するために、手書きで「(涙)」などと書き添えても問題ありません。親しみの込もった愛嬌のある断り文は、相手も傷つかず、こちらの気持ちもより伝わりやすいでしょう。

すぐに使える！　お断り（抗議）のフレーズ〈お断り編〉

●……しかねます

例文　大変申し訳ないのですが、
その件については、①対応しかねます。

●難しいです

例文　誠に恐れ入りますが、
その件については難しい状況です。

●残念ながら

例文　残念ながら、ご希望に添うことができません。

●……せざるを得ません

例文　大変申し訳ないのですが、お断りせざるを得ません。

チェックポイント

①「できません」よりも婉曲な言い回しです。「わかりません」は「わかりかねます」、「お答えできません」は「お答えしかねます」となります。

●お気持ちだけありがたく頂戴します

例文 このたびのことは、②お気持ちだけありがたく頂戴します。

●お察しください

例文 誠に申し訳ありませんが、今回は当社の事情をお察しください。

●見送らせてください

例文 私も残念なのですが、今回は見送らせてください。

●残念ながら

例文 ③残念ながら、今回はお役に立てそうもありません。

チェックポイント

② 相手の好意に感謝しつつ、やんわりと断るときのフレーズです。相手の自尊心を傷つけることなく断れるため、とても美しい日本語だと思います。

お礼
依頼
お詫び
励まし
お断り
お祝い

●あいにく

例文 ④あいにく力になれません。

●なかったことに

例文 申し訳ないのですが、⑤今回はなかったことにしていただけませんか。

●ご容赦ください

例文 このたびのことは、⑥ご容赦ください。

●力が及ばない

例文 私も残念なのですが、今回は力が及びませんでした。

チェックポイント

③＋④ 「……はできません」などとキッパリ断ると、ときにきつく聞こえてしまうことがあります。「残念ながら、お役に立てそうもありません」「あいにく力になれません」などとすると、やんわりとした印象になります。

⑤ 依頼を断るときには、多かれ少なかれ心苦しいものです。「なかったことにしてもらえませんか」と相手の気づかいを思いやりながらうかがいする書き方をすると、品よく断れます。

⑥ 「容赦」とは許すこと、大目に見ることを言います。「売り切れの際はご容赦ください」などとも言います。

●かえってご迷惑をおかけしては

例文 かえってご迷惑をおかけしては申し訳ありませんので、今回は見送らせてください。

●ほかのことで力になる

例文 ⑦ほかのことでお力になれることがありましたら、うれしく思います。

●これに懲りずに

例文 今回は申し訳ありませんが、⑧これに懲りずに、またお声がけください。

●またの機会に

例文 今回は残念ですが、⑨またの機会にお目にかかれましたら、幸いです。

チェックポイント

⑦ 相手に「こんなお願いをして悪かったな」と気をつかわせたくないときには、「ほかのことで力になりたい」と添えましょう。お互いの関係がギクシャクしてしまうのを防止するフレーズです。

チェックポイント

⑧＋⑨ 今回は断るけれども、「これに懲りずに」「またの機会に」と次回以降に持ち越すことで、相手に理解の余地を与えられます。

お礼 依頼 お詫び 励まし お断り お祝い

すぐに使える！　お断り（抗議）のフレーズ〈反論・抗議編〉

●申し上げにくいのですが

例文　申し上げにくいのですが、そのご提案には賛成できません。なぜなら……

●ご気分を害されるかもしれませんが

例文　ご気分を害されるかもしれませんが、A案には賛成しかねます。なぜなら……

●お言葉ではありますが

例文　お言葉ではありますが、期日が迫っているため、⑩別の方法を検討してみませんか。

チェックポイント

頭ごなしに反対するのはいただけません。冒頭でこれらのフレーズを用い、相手の自尊心を傷つけないよう配慮します。その際、感情的になるのではなく、なぜ反対するのか、その理由を添えましょう。

お言葉を返すようですが

例文 お言葉を返すようですが、
A案よりB案のほうがよいと考えます。なぜなら……

おっしゃるとおりです。ただ

例文 おっしゃるとおりだと思います。
ただ、別の意見もあると思いませんか。⑪

たしかに……ですが

例文 たしかにわかりやすいのはA案ですが、
B案は〇〇の点ですぐれています。
もう一度、考え直していただけませんか。⑫

●なるほど……ですが

例文 なるほど、たしかに一理ありますが、A案も決して悪くないように思います。

●ごもっともですが

例文 おっしゃることはごもっともですが、もう一度検討するほうがよろしいのではありませんか。⑬

●おやめください

例文 そのような言葉づかいはおやめください。⑭

●お控えください

例文 タバコはお控えください。⑮

チェックポイント ⑩＋⑪＋⑫＋⑬

反論し自分の意見を述べるときには、相手の気分を害してしまわぬよう、後に続く文章の語尾を「……とは思いませんか」「……ではないでしょうか」などと問いかけの文にすると、一方的な印象を与えません。

●慎んでください

例文 私語は⑯慎んでください。

●思い切って申し上げますが

例文 ⑰思い切って申し上げますが、先ほどのご意見には納得がいきません。

●責任者の方とお話しさせてください

例文 ⑱とても大切なことですから、恐れ入りますが、責任者の方とお話しさせてください。

チェックポイント

⑭＋⑮＋⑯＋⑰＋⑱

何度か断ったものの相手に賛同してもらえないときにはこれらの言葉で抗議し、それでも改善されない場合は、上司に相談するなどの方法をとりましょう。

お断り（抗議）のNGフレーズ

NG 無理です

OK 対応しかねます

「無理です」とは、非常に拒否感の強い言葉です。受け取る相手からすると、ひどく拒絶されたような気分になります。

相手の要求に対して、実現できそうもない・自分には力の及ばないことだと思うときは、お詫びの気持ちを込めて丁寧な言葉づかいにあらためましょう。

NG 嫌です

OK 困ります／お控えください／おやめください

ビジネスシーンにおいて、「嫌です」「キライです」などの感情的な断り方では、幼稚な印象がぬぐえません。

たとえば「無断で名前を使われては困ります。お控えください」「そのような言い方は、おやめいただけませんか」など、礼儀をわきまえた上で、断りの意思をきちんと伝えましょう。

NG **わかりません**

OK **わかりかねますので……します**

「自分にはわかりかねますので、部長の○○から返答させます」「確認してご返答します」などと、「わかりかねます」で終わらせず、相手にわかってもらうためにどうするつもりか、その後の対応についても合わせて伝えます。

NG **知りません・聞いていません**

OK **存じません（存じていません）**

知らないこと自体が恥ずかしいわけではありません。「あいにく存じていません。調べて、折り返しご連絡しましょうか」などと、相手の気分を害さないよう丁寧な表現を心がけた上で、その後の対応について相手の判断を仰ぎましょう。

NG **できないわけではありません**

OK **できるように努めます**

「上司は出張に出ておりますが、連絡できないわけではありません」などのまわりくどい表現は避け、「確認してみます」「できるように努力します」などとシンプルで前向きな表現にあらためましょう。そのほうがさわやかで好印象です。

コラム 7

断るのは苦手?

「断るのが苦手」という人がいます。

それが仕事の依頼や大切な人・懇意にしている人からのお願いの場合、「断ることで相手に悪い印象を与えてしまいそう」、「次回以降は声をかけてもらえないのではないか」という不安から、なかなか断れないというのです。

ときには断るタイミングを逃し、心に負担を抱えたまま期限ギリギリになって「やっぱりできません」などと涙ながらに謝る、なんてことも……。

しかし、相手はどうでしょう? 「それならそうと、早くいってくれ」「最初に断ってくれれば、対策を練られたのに」と、かえって迷惑をかけることになってしまいます。

ビジネスシーンにおいては、断ることよりもむしろ、軽々しく引き受ける安請け合いこそNGです。聞き入れるのが難しい要求やお願いをされたときには、「引き受けることが、本当に自分のためになるか、また相手のためになるか」を考え、断るほうがよいと思えば、きちんと断るべきです。ただし、今後も良好な関係が築ける「感じのいい断り方」を心がけましょう。

あなたが思うほど、相手は気にしないこともありますから。

PART 2　そのまま使える！ フレーズ集

7　お祝い・称賛のフレーズ

お祝いや称賛の言葉は、かけるほうも、
かけてもらうほうも気分がよいものです。
「おめでとう」「さすがですね」
などの言葉をつづっていると、相手に喜ばれる
だけでなく自分も幸せな気持ちになりませんか。
相手の心に響くフレーズをマスターして、
お祝い上手・褒め上手になりましょう。

その他（上司・先輩・同僚・部下にも共通）

誕生日のお祝い

結婚のお祝い

出産のお祝い

新築のお祝い

引っ越しのお祝い

資格試験合格のお祝い

コンクール入賞のお祝い

お子さんの就職、成人、結婚、出産などのお祝い

お子さんの七五三、合格、卒園・卒業などのお祝い

長寿（還暦、喜寿、米寿など）のお祝い

年賀状（新春のお祝い）

目標達成のお祝い

新規プロジェクト成功のお祝い

いつ、だれに宛てて書けばいい？

お祝い文を書く場面一覧

お客様へ

- 会社設立のお祝い
- 開業のお祝い
- 開店・支店オープンのお祝い
- 栄転のお祝い
- 昇進のお祝い
- 取締役就任のお祝い
- 社屋完成のお祝い
- 年賀状（新春のお祝い）

お祝いの文例１

創立 10 周年のお祝い

取引先　カード　横書き

手元にグリーティングカードを何種類か揃えておくと便利

株式会社○○○○
　代表取締役　○○○○様

このたびは、
おめでとうございます。
ご創立 10 周年とのこと、
いろいろなことがあったのだろうと
想像いたします。
心よりお祝い申し上げます。
ますますのご発展を祈念して……
今後とも、どうぞよろしく
お願いいたします。

株式会社○○○○　○○○○

ここで差がつく！

お祝いの気持ちを表現する基本のフレーズです。凝っていなくても、短文でもかまいません。思い立ったらすぐに送ることが大事です。

ビジネスシーンにおいて、お祝いする場面はたくさんあります。

会社設立、創業、開店、創業○周年記念、社屋完成、支店オープンなどのほかに、個人の場合の栄転、昇進、資格取得、出版、講演。プライベートの場面では結婚、出産、退院、新居完成、お子さんの合格、入学、卒業、就職、結婚、出産など。

本来なら、相手の晴れの舞台に合わせてその場に駆けつけるものですが、お互いの都合や遠方であるなどの事情によって、現実にはそれができないことのほうが圧倒的に多いでしょう。

その際は、お祝い状で、お祝いの気持ちを伝えましょう。

メールでもかまいません。少し日がたってしまっていてもかまいません。長く書かなくても、「おめでとうございます。ますますのご発展を祈念いたします」の2行だけでも十分です。

ポイントは思い立ったときに書いて送ること。「後でやろう」などと思うと、ついうっかり忘れてしまうか、面倒になって後回しにするうちにタイミングを逃し、重い腰が上がらなくなってしまいます。

思い立ったらすぐ書けるように、普段から手元にグリーティングカードを何種類か揃えておきましょう。

お祝いの文例2

結婚のお祝い

先輩　グリーティングカード　縦書き

コツは相手の気持ちに合わせて書くこと

○○さん
このたびは、ご結婚おめでとうございます。
これまでの話を耳にしていただけに、
私も胸がいっぱいです。
落ち着かれました頃、ぜひ新居に
お邪魔させてください。
どうか末永くお幸せに。
○○○○

ここで差がつく！
男性の場合は「自分も励みになります」
などがよいでしょう。

お祝いレターを書くときのポイントは、相手の気持ちに合わせることです。

相手は今、どんな気持ちでいるでしょうか。お祝いですから、当然、喜びあふれる気持ちでいるわけですが、ひと言で「うれしい」といってもいろいろな種類のうれしさがあります。

しみじみ感じるうれしさか、体いっぱいで喜びを表現するうれしさか、冷静に受け止めるうれしさか。

右ページの例文では、「これまでの話を耳にしていただけに、私も胸がいっぱいです」というフレーズで、相手に共感する姿勢をあらわしてみました。ここでは女性的な表現にしていますが、男性の場合であれば「自分も励みになります」などがよいと思います。

相手の気持ちに合わせるのは、人を褒めるときも同じ。相手の身になってその人の褒めてほしいと思うところを褒めましょう。たとえば、仕事をバリバリやっている男性であれば、その仕事ぶりを、親しみやすさが長所であれば、笑顔や会話のセンスを。すると、「自分のことをわかってくれる人だ」という共感につながります。

日頃からまわりの人の様子を観察することで、フレーズのレパートリーも増え、言葉が磨かれていきます。

お礼
依頼
お詫び
励まし
お断り
お祝い

お祝いの文例3

資格試験合格のお祝い

後輩　ミニカード　横書き

合格祝いには、お祝い＋称賛のフレーズで

○○さんへ
おつかれさまです。
宅建合格おめでとう！
ますます将来が
楽しみですね。
これからも
期待しています。
○○

ここで差がつく！
お祝いの言葉とともに、称賛の言葉をしたためましょう。

子どもの頃にさかのぼれば、誕生日はもちろんのこと、入園式、卒園式、さらに七五三、桃の節句や端午の節句など、まわりの大人からお祝いしてもらう機会は多くありました。

それが大人になると、人からお祝いの言葉をもらう機会は少なくなります。会社単位で見るとお祝いの場面は意外と多いのですが、個人で見れば、どれも人生でそう何度もあることではありません。プライベートともなれば誕生日、結婚、出産、新築くらい。数少ないその機会をお互いに祝い合うことは大事です。

著者のまわりには、男女を問わず、お祝い好きが大勢います。彼・彼女たちは、まわりの人をお祝いする機会を見つけると、うれしくて仕方がないと言います。相手から喜ばれ、感謝してもらえるだけでなく（意図するかは別として）自分の株まで上がるのですから、お祝いの効果をたくさん体感しているのでしょう。

だれかを祝うということは、その相手の喜びにふれて気分もよくなりますし、「わたしも見習ってがんばろう」と、自分にとっての励みにもなります。恥ずかしがらず、積極的にお祝いしましょう。

お礼
依頼
お詫び
励まし
お断り
お祝い

すぐに使える！　お祝い・称賛のフレーズ〈お祝い編〉

●おめでとうございます

例文　新店舗オープン、①おめでとうございます。

●お慶び（お喜び）申し上げます

例文　創業10周年をお迎えとのこと、
心より②お慶び申し上げます。

●お祝い申し上げます

例文　息子さんがご卒業されたそうですね。
お祝い申し上げます。

●お祝いさせてください

例文　おめでとうございます。今度お祝いさせてください。

チェックポイント　①

「めでたい」を漢字で「目出度い」「芽出度い」と当てて書くことがあります。ひらがなでごく自然に書くのもよし、あなた自身の感覚でマッチする書き方をするといいでしょう。

チェックポイント　②

「よろこび」の漢字は「慶び」と「喜び」があり、「慶び」は相手のめでたいことを祝うとき、「喜び」は自分のうれしい気持ちを表現するときに使います。「お慶び」のほうがフォーマルな印象が強まります。

●よくがんばった

例文 合格おめでとう！　よくがんばったね。③
おつかれさま！

●本当によかった

例文 合格おめでとうございます。本当によかったですね。

●お幸せに

例文 ご結婚おめでとうございます。お幸せにね。

●ますます・さらなる・より一層

例文 ますます（さらなる・より一層）のご発展をお祈りいたします。

チェックポイント

③「がんばったね（がんばりましたね）」は本来、ねぎらいの言葉のため、目上の人に用いるには不向きです。同僚や部下に対してのみ用います。

お礼
依頼
お詫び
励まし
お断り
お祝い

すぐに使える！　お祝い・称賛のフレーズ〈称賛編〉

●尊敬する

例文　今回のご決断、尊敬いたします。

●誇りに思う

例文　すごいですね。○○さんのことを誇りに思います。

●期待している

例文　期待しています。これからもがんばって！

●頼りにしている

例文　いつも頼りにしています。
これからもよろしくお願いします。

●安心できる

例文 ○○さんなら安心してまかせられます。

●楽しみだ

例文 この分でいくと、できあがりが本当に楽しみです。

●お願いしてよかった

例文 ④○○さんにお願いしてよかった。
また次回もよろしくお願いします。

●最高ですね！

例文 ご結婚されたとのこと、おめでとうございます！
⑤最高ですね!!

チェックポイント ④

相手に感謝して褒めるとき、「○○さんにお願いしてよかった」というフレーズは強力です。わたしの場合も、この言葉が何よりの心の栄養であるように思います。

チェックポイント ⑤

ややむやみに明るい印象も受けますが、日頃からノリのいい人・エネルギッシュな人にかける言葉としてはぴったりです。

●すごい！

例文 このたびは昇進おめでとうございます。すごいですね⑥!!

●さすがです！

例文 今回のプロジェクトの成功は○○さんの功績ですね。さすがです⑦!!

●脱帽です

例文 ○○さんの行動力には脱帽しました。

●（ほかの人とは）違う

例文 こんなに早く仕上がるなんて、やはり○○さんは（ほかの人とは）違いますね。さすがです。

チェックポイント

⑥＋⑦

相手のテンションに合わせ、ときにはやや大袈裟に褒めるのもよいでしょう。「!」を多用し、気分の高まりを表現します。冷静に論理的に褒めると、たとえ本音であっても、場の空気を白けさせてしまうこともあるので要注意です。

●○○さんだから……できる

例文 ○○さんだから、大丈夫だと思ってました。

●○○さんにしか頼めない

例文 気配りが必要な案件なので、
これは○○さんにしか頼めません。

●わかりやすい

例文 ○○さんの話はとてもわかりやすいです。

●丁寧な

例文 丁寧なご対応、感謝いたします。

●しっかりしている

例文 ○○さんはしっかりしているから、安心してまかせられます。

●親切ですね

例文 ○○さんは⑧いつも親切だから、信頼できます。

●やさしいですね

例文 ○○さんはやさしいですね。いつもありがとうございます。

●心強いです

例文 ○○さんと一緒だと、心強いです。

チェックポイント

⑧ 派手さはないものの、細かいところで気が利く人、着実に信頼を積み重ねていくタイプの人には、その点を褒めて認めると、さらなる信頼関係を築けます。

●一緒に仕事ができてうれしい

例文 ○○さんと一緒に仕事ができて、うれしいです。
次回もよろしくお願いします。

●素敵ですね

例文 そういう考え方ができるところ、素敵です。[9]
視野が広い証拠ですね。

●格好いいですね

例文 今回のご決断、格好よかったです。[10]
先輩を見習って、自分もがんばります。

●頼もしいですね

例文 ○○さんは若いが頼もしい。将来が楽しみだ。[11]

チェックポイント

⑨＋⑩
「素敵ですね」「格好いいですね」は外見に限らず、能力や考え方を褒めるときにも使えます。ビジネスパーソンとして褒めるなら、むしろそのほうが喜ばれます。

チェックポイント

⑪
新人や入社して数年の若手を褒めるときには「頼もしい」「将来が楽しみだ」などの褒め言葉も有効です。

●憧れます

例文 ○○先輩はテキパキしていて、憧れます。

●センスがいいですね

例文 ○○さんはいつもセンスがいいですね。
わたしも見習います。

●気が利きますね

例文 ○○さんは⑫気が利きますね。
いつも一筆添えてくれて、ありがとう！

●楽しかったです

例文 ○○さんとご一緒できて楽しかったです。

チェックポイント

⑫
男性が部下の女性を褒めるときには「気が利くね」がおすすめです。また、筆記具や使っている文房具に目が留まったら、ぜひそれを褒めてみてください。嫌らしくありませんし、話題を広げやすいので、これはとてもおすすめです。

●勉強になります

例文　○○さんとお話ししていると、勉強になります。ありがとうございます。

お祝い・称賛のNGフレーズ

NG このたびはご結婚、おめでとうございます。わたしも3年前は……

OK このたびはご結婚、おめでとうございます。お相手の方はどのような方ですか。今度、ぜひ話を聞かせてください。

相手の喜びを共有するのがお祝いです。

とりわけ女性の場合、はやる気持ちや親切心からか、「わたしの場合はこうだった」「自分の場合はこうした」など、つい自分の話ばかりを連ねてしまうこともあるようです。しかし、それでは主役の座が逆転してしまいます。

自分の話は控え、純粋に相手のおめでたい出来事を喜びましょう。

NG 社長就任の由、尊敬に堪えません。かかる上は、さらなる……

OK 社長にご就任されたとうかがいました。本当におめでとうございます。

日頃は等身大の言葉でつづることに慣れている人でも、お祝いごととなると途端に、「時下益々ご清栄のこととお慶び申し上げます。○○様の卓越した洞察力と実行力が社業発展に寄与するものと……」などと、かしこまりすぎてしまう傾向があるようです。

会社の代表名で実印を押して発行する正式文書とは違い、ここで紹介しているフレーズは気持ちを伝えるために送るものです。

丁寧さや礼儀正しさをないがしろにするわけではありませんが、等身大のあなたらしい言葉で伝えるのがいちばんです。

NG **○○さんはオシャレですね。今日のシャツも、昨日のスカートも、その髪型も靴もバッグも、ぜんぶ素敵です。**

OK **センスがいいですね。**

褒めるときには褒めすぎないこともポイント。わざとらしく、かえって気持ちが白けることもあります。

とりわけ、服装や髪型などの外見を繰り返し褒めるのは控えましょう。

気心の知れた相手ならいいのですが、ビジネスシーンでは、大人の礼儀としてほどよい距離感もわきまえなければなりません。さりげない程度で十分、気持ちは伝わります。

コラム 8

3つのポイントをおさえて、共感を得る

相手の喜びを祝うとき・褒めるときには、とにかく相手に合わせることがポイントです。合わせるポイントは3つ。「文体」「文章の長さ」「気分」です。

文体については、相手が敬語なら敬語で返します。ほかに、たとえば相手が顔文字を使っているなら、あなたも顔文字を使ってみてください。

また、たとえば相手の文章が5行なら5行で。慣れてきたら、1行あたりの文字数や1文の長さについても合わせてみましょう。それが同調につながるからです。

気分については、相手がどんな状態でいるかを想像し、相手に合わせます。

たとえば、落ち込んでいる人には静かな気持ちで、体全体で喜びを表現している状態の相手には、同じようなテンションで。お祝いや称賛のメッセージを書くときに、この「気分」が一致していないと、相手を白けさせるか、「気持ちをわかってくれない」などのコミュニケーションのズレが生じてしまいます。

同じ「おめでとう」でも、シーンによって、相手の気分を想像し、一方的にならないように言葉を使い分けましょう。

あとがき

ここまで読んでくださって、ありがとうございます。

わたしは反射神経が鈍いのか、場の流れに乗り遅れがち。まわりについ遠慮してしまうようなところもあって、いつもどこか「伝えられないストレス」を抱えていたように思います。

幼少の頃から手紙を書くのが好きだったのは、それが影響しているのでしょう。言いたいことをタイミングよく声にするのは難しくても、相手を想い、言葉を選びながら文字をしたためることなら、自分のペースでできます。

プライベートなことをお話しするのは恥ずかしいのですが、大学卒業後、遠距離恋愛をしていた人とは550通を超える文通をしていたこともあります。

ライターとして独立してからは、企業経営者の方々を中心に、「仕事に込める想いや人柄を言葉にして伝える」お手伝いをしてきました。

言葉というものはむずかしい。本当に、むずかしいと思います。何気ないひと言によって相手を傷つけたり、ささいな誤解に気を揉んだり、伝えたいことを伝えられないあまりに悔しい思いをしたり……。

かくいうわたしも、後になってから「しまった！」と慌てて書き直したくなることなどしょっちゅうです。

けれど、大切なのは、「本当にこれでいいのかな？」「もっとふさわしい言葉があるのでは？」と、常に自分の感覚と向き合い、できるだけ丁寧な言葉選びを心がけることだと思います。

ぎこちなくてもいいんです。粗さが残っていてもいいんです。

無難にまとまってはいるものの、どこか冷たい印象を受ける「できあいのお弁当」のような文面より、一生懸命にしたためられた、味わいある「手づくりのお弁当」のほうが、わたしは好きです。

そして、そのほうが、相手の心をつかめるにちがいないと思います。

メールが全盛の今、一筆箋やハガキなどの手紙アイテムの力も借りながら、「ほんのひと言、書き添える」ことでコミュニケーション力を高められれば、仕事はもっとうまくいくはず！　人生はもっと豊かになるはず！

そのために、本書を最大限活用していただけましたら、うれしく思います。

最後になりましたが、本書を上梓するにあたり、大きな愛と力で支えてくださった関係者の皆様に、心から感謝いたします。

ありがとうございます。

そして、みなさまにもひと言。

たくさんの幸せが訪れますように。

二〇一〇年三月

むらかみかずこ

取材協力

・株式会社デザインフィル
・有限会社ホワイトベース
・古川紙工株式会社
・アワガミファクトリー
（阿波手漉和紙商工業協同組合）
・株式会社日本ホールマーク

本書は日経ビジネス人文庫のために
書き下ろされたものです。

日経ビジネス人文庫

仕事《しごと》がもっとうまくいく!
書《か》き添《そ》える言葉《ことば》300
そのまま使《つか》えるシーン別文例集《べつぶんれいしゅう》

2010年4月1日 第1刷発行

著者
むらかみかずこ

発行者
羽土 力

発行所
日本経済新聞出版社
東京都千代田区大手町1-3-7 〒100-8066
電話(03)3270-0251 http://www.nikkeibook.com/

ブックデザイン
鈴木成一デザイン室
西村真紀子(albireo)

印刷・製本
凸版印刷

Printed in Japan ISBN978-4-532-19538-0

日経ビジネス人文庫

ブルーの本棚

経済・経営

ビジネス・シンク

デイヴ・マーカム
スティーヴ・スミス
マハン・カルサー

世界的ベストセラー『7つの習慣』の著者が率いるフランクリン・コヴィー社のトレーニング・プログラムが文庫になって登場。

社長になる人のための税金の本

岩田康成・佐々木秀一

税金はコストです！ 課税のしくみから効果的節税、企業再編成時代に欠かせない税務戦略まで、幹部候補向け研修会をライブ中継。

組織は合理的に失敗する

菊澤研宗

個人は優秀なのに、なぜ"組織"は不条理な行動に突き進むのか？ 旧日本陸軍を題材に、最新の経済学理論でそのメカニズムを解く！

社長になる人のための経理の本［第2版］

岩田康成

次代を担う幹部向け研修会を実況中継。財務諸表の作られ方・見方から、経営管理、最新の会計制度まで、超実践的に講義。

戦略の本質

野中郁次郎・戸部良一
鎌田伸一・寺本義也
杉之尾宜生・村井友秀

戦局を逆転させるリーダーシップとは？ 世界史を変えた戦争を事例に、戦略の本質を戦略論、組織論のアプローチで解き明かす意欲作。

イライラ解消！ エクセル即効ワザ99

日経PC21＝編

表作り、文章作り、データ分析、グラフ作成――日経PC21編集部が厳選した「仕事が速くなる」99の便利ワザを目的別に紹介。

メキメキ上達！ エクセル関数ワザ100

日経PC21＝編

「四捨五入する」「平均値を求める」「日付を自動入力する」――。知っていると意外に簡単な、使える関数ワザを目的別に紹介。

イライラ解消! ワード即効ワザ99

吉村 弘

「勝手に箇条書きに!?」「思い通りに変換できない!?」――日々感じるイライラをスッキリ解消！　目からウロコの使い方、教えます。

経営実践講座 教わらなかった会計

金児 昭

国際舞台でのM＆Aから接待の現場まで生のエピソードを満載。教科書では身につかない「使える会計」をカネコ先生が講義します。

足し算と引き算だけでわかる会計入門

山田咲道

会計って難しそう？　新入社員と会計士のやりとりを読むだけで、財務諸表の基本、ビジネスの本質が理解できる画期的な一冊。

実況 岩田塾 図バっと！ わかる決算書

岩田康成

若手OLとの対話を通じ「決算書は三面鏡」「イケメンの損益計算書」など、身近な事例で会計の基礎の基礎を伝授します。